Printed in Great Britain
by Amazon

فهرس المحتويات

مقدمة

برنامج السلوك اللفظي VB-MAPP

صمّم هذا البروتوكول ليرافق دليل برنامج السلوك اللفظي VB-MAPP (Sundberg 2008)، الذي يحتوي على التعليمات العامة ومعايير استخلاص النتائج اللازمة لإتمام هذا البروتوكول. كما ويحتوي الدليل على التوصيات لكافة المعالم المتكونة من ١٧٠ معلم مع الاقتراحات المتعلقة بأهداف البرنامج التربوي الفردي. ويقدم الدليل وصفا مختصرا للعناصر الرئيسية للنهج السلوكي في التقييم اللغوي، والتعريفات والأمثلة الخاصة بالمهارات، والعوائق التي يتم تقيمها في برنامج السلوك اللفظي VB-MAPP. وللاستفادة القصوى من هذا البرنامج، من الضروري أن يقوم المقيَم باستخدام الدليل المصاحب، وأن يكون على دراية بعلم تحليل السلوك والنهج السلوكي في التقييم اللغوي.

يعتمد برنامج السلوك اللفظي VB-MAPP على تحليل سكينر (١٩٥٧) للسلوك اللفظي، والمعالم النمائية، والدراسات البحثية للبيانات المتعلقة بالتطور الطبيعي للأطفال، بالإضافة إلى تطور الأطفال الذين تم تشخيصهم بالتوحد أوغيرها من الاعاقات النمائية. هذا وقد قدّم أخصائيي اللغة، ومحلّلي السلوك، والأطباء النفسيين، ومعلمي التربية الخاصة، وأخصائيي العلاج الوظيفي، وأهالي الأطفال من ذوي الاحتياجات الخاصة، إضافات عديدة عبر العديد من السنوات.

يتكون برنامج السلوك اللفظي VB-MAPP من خمسة أجزاء:

١. **تقييم المعالم**: يُعتبر هذا الجزء أساس البرنامج، حيث تم تصميمه ليقدم عيّنة عن مهارات الطفل اللفظية والمهارات المرتبطة بها. ويتكون تقييم المعالم من ١٧٠ معلماً قياسياً، تتوزع على ١٦ مجالا، عبر ٣ مستويات نمائية (٠-١٨شهر، و١٨-٣٠ شهر، و٣٠-٤٨ شهر).

٢. **تقييم العوائق**: يقدم تقيماً ل٢٤ عائقاً لاكتساب اللغة والتعلّم عند الأطفال الذين لديهم تأخر لغوي.

٣. **تقييم جاهزية الانتقال**: يقدم تقييماً ملخصاً وشاملاً لجاهزية الانتقال إلى بيئة تعليمية أقل تقييداً.

٤. **تحليل المهام وتتبع المهارات الداعمة**: يقدم تفصيلاً للمهارات الداعمة لتطوّر المعالم. كما ويخدم كمنهاج مفصل للسلوك اللفظي، فهناك ما يقارب ٩٠٠ مهارة في تحليل المهام متسلسلة تطوريا، ومبيّنة من خلال جداول مصممة لتتبع المهارات.

٥. **الأهداف المقترحة للبرنامج التربوي الفردي**: هذا الجزء غير موجود في البروتوكول، لكنه يظهر في دليل برنامج السلوك اللفظي VB-MAPP. يتم فيه تحديد أهداف البرنامج التربوي الفردي وتصميم خطة التدخل العلاجية في ضوء تحديد وتحليل مهارات الطفل والعوائق.

للمزيد من المعلومات عن برنامج السلوك اللفظي VB-MAPP يرجى مراجعة www.avbpress.com

ملاحظة: يشمل تقييم المعالم المعد باللغة الإنكليزية على اختبار متعلق بمهارات الترديد الأولية مطوّر من قبل Dr. Barbara E. Esch أخصائية علاج اللغة والنطق CCC-SLP وأخصائية التحليل التطبيقي BCBA-D. لم يتم ترجمة هذا الجزء لعدم مواءمته للغة العربية. لكن تم ذكره في نماذج التقييم تحت عنوان "التكرار اللفظي" في حال استخدم المقيّم الإختبار باللغة الإنكليزية.

المراجع

Skinner, B.F. (1957). *Verbal behavior*. New York: Appleton-Century-Crofts.

Sundberg, M.L. (2008). *The verbal behavior milestones assessment and placement program: The VB-MAPP guide*. Concord, CA: AVB Press.

النموذج الرئيسي لنتائج تقييم المعالم – برنامج السلوك اللفظي

اسم الطالب:				
تاريخ الميلاد:				
العمر وقت التقييم:	١	٢	٣	٤

المفتاح:	النتيجة	التاريخ	اللون	المُقيِم
أول تقييم:				
ثاني تقييم:				
ثالث تقييم:				
رابع تقييم:				

المستوى الثالث

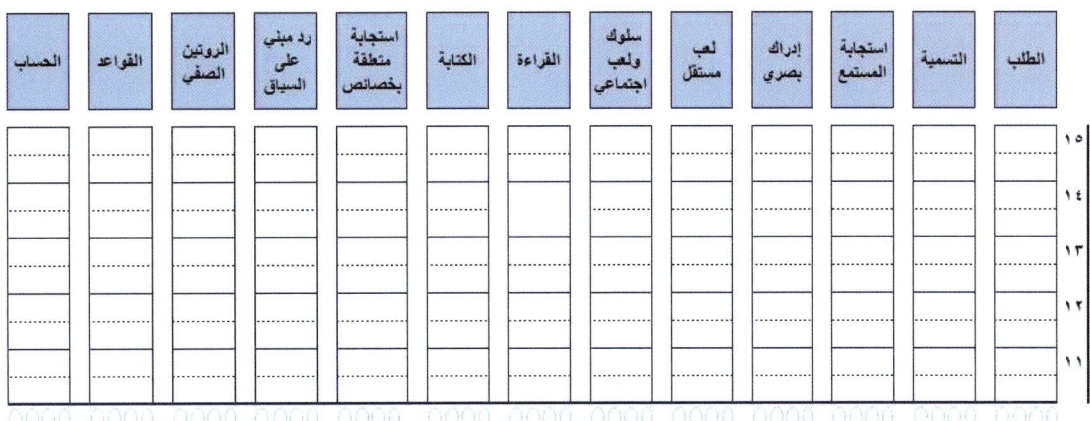

	الطلب	التسمية	استجابة المستمع	إدراك بصري	لعب مستقل	سلوك ولعب اجتماعي	القراءة	الكتابة	استجابة متعلقة بخصائص	رد مبني على السياق	الروتين الصفي	القواعد	الحساب
١٥													
١٤													
١٣													
١٢													
١١													

المستوى الثاني

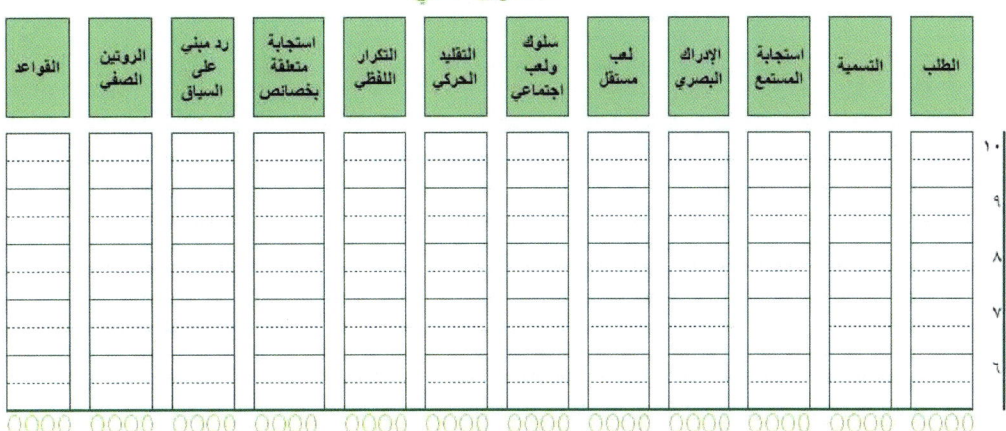

	الطلب	التسمية	استجابة المستمع	الإدراك البصري	لعب مستقل	سلوك ولعب اجتماعي	التقليد الحركي	التكرار اللفظي	استجابة متعلقة بخصائص	رد مبني على السياق	الروتين الصفي	القواعد
١٠												
٩												
٨												
٧												
٦												

المستوى الأول

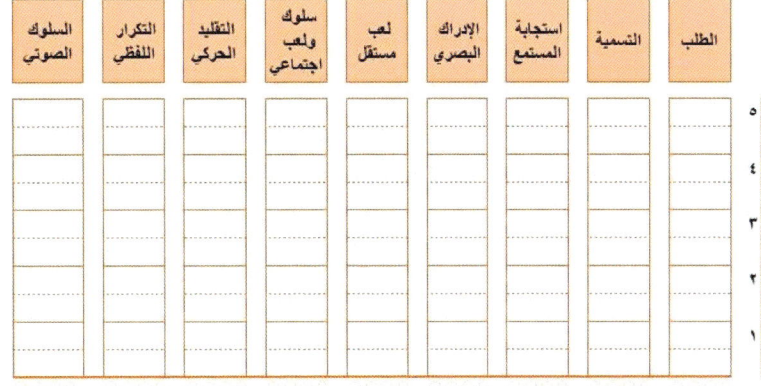

	الطلب	التسمية	استجابة المستمع	الإدراك البصري	لعب مستقل	سلوك ولعب اجتماعي	التقليد الحركي	التكرار اللفظي	السلوك الصوتي
٥									
٤									
٣									
٢									
١									

تقييم المعالم: المستوى الأول (٠-١٨ شهراً)

أسلوب التقييم: الاختبار المباشر (إ) المراقبة (م) اختبار أو مراقبة (إ، م) المراقبة الموقوتة (م م)

الطلب

التقييم				
الأول	الثاني	الثالث	الرابع	النتيجة النهائية:

هل يستخدم الطفل الكلمات أو الإشارات أو الصور لطلب الأشياء أو الأنشطة؟

البند	النص	الأول	الثاني	الثالث	الرابع
١.	يستخدم كلمتين أو إشارتين أو أيقونتين، مثل: رقائق أو كتاب، وقد يحتاج إلى تلقين تكرار لفظي أو تقليدي أو أي نوع آخر من التلقين، باستثناء التلقين البدني (إ، م)				
٢.	يصدر عنه أربعة طلبات بدون تلقين، باستثناء سؤاله: "ماذا تريد؟"، وقد يكون الغرض المرغوب موجودًا، مثل: الموسيقى، الكرة (إ)				
٣.	يعمّم ستة طلبات عبر شخصين وبيئتين ومثالين مختلفين للمعزّز، مثل: طلب الفقاعات من الأب والأم، في المنزل وخارجه، سواء كان موجودًا في زجاجة حمراء أو زرقاء (إ، م)				
٤.	يطلب خمسة أغراض مختلفة عفويًا بدون أي تلقين لفظي، وقد تكون الأغراض المراد طلبها موجودة من حوله (م م: ٦٠ دقيقة)				
٥.	يطلب عشرة أغراض مختلفة مثل: تفاحة، أرجوحة، سيارة، عصير، وذلك بدون تلقين باستثناء سؤاله: "ماذا تريد؟"، وقد يكون الغرض المرغوب موجوداً (إ، م)				

الملاحظات:

التسمية

التقييم				
الأول	الثاني	الثالث	الرابع	النتيجة النهائية:

هل يقوم الطفل بتسمية الأشخاص أو مجسمات الأغراض أو أجزاء الجسم أو الصور؟

البند	النص	الأول	الثاني	الثالث	الرابع
١.	يسمي غرضين، مثل: الأشخاص، والحيوانات الأليفة، والأغراض المفضّلة، مع تلقين تقليدي أو تلقين تكرار لفظي (إ)				
٢.	يسمي أربعة أغراض مثل الأشخاص، الحيوانات الأليفة، الشخصيات، أغراض أخرى، بدون تلقينٍ تقليديٍّ أو تلقين تكرارٍ لفظيٍّ (إ)				
٣.	يسمي ستة أغراض غير معزّزة، مثل: حذاء، قبعة، ملعقة، سيارة، كأس، سرير (إ)				
٤.	يسمي غرضين مختلفين عفوياً بدون تلقين لفظي (م م: ٦٠ دقيقة)				
٥.	يسمي عشرة أغراض، مثل: الأغراض المألوفة، الأشخاص، أجزاء الجسم، أو الصور (إ)				

الملاحظات:

تقييم المعالم: المستوى الأول (٠-١٨ شهراً)

أسلوب التقييم: الاختبار المباشر(إ) المراقبة (م) اختبار أو مراقبة (إ، م) المراقبة الموقوتة (م م)

استجابة المستمع

النتيجة النهائية:	التقييم			
	الأول	الثاني	الثالث	الرابع

هل ينتبه الطفل ويستجيب لكلام الآخرين؟

		الأول	الثاني	الثالث	الرابع
١.	ينتبه إلى صوت المتكلّم من خلال التواصل البصري مع المتكلم خمس مرات (م م: ٣٠ دقيقة)				
٢.	يستجيب عند سماع اسمه خمس مرات، مثلا: ينظر إلى المتكلم (إ)				
٣.	ينظر إلى أو يلمس أو يؤشّر على أفراد العائلة أو الحيوانات الأليفة أو المعززات الأخرى، وذلك عند عرضها في مجموعة مكونة من غرضين، مثل سؤاله: "أين الدبدوب؟"، "أين ماما؟"، وذلك لـ ٥ معززات مختلفة (إ، م)				
٤.	يؤدي أربعة أفعال حركيّة عند الطلب منه، مثل سؤاله: "هل تستطيع القفز؟"، "أرني كيف تصفّق"، وبدون تلقين بصري (إ)				
٥.	يختار الغرض الصحيح المعروض ضمن ٤ أغراض وذلك لعشرين غرضًا (قد يكون مجسم أو صورة)، مثل سؤاله: "أرني قطة"، "المس الحذاء" (إ)				

الملاحظات:

الإدراك البصري والمطابقة مع نموذج

النتيجة النهائية:	التقييم			
	الأول	الثاني	الثالث	الرابع

هل يستجيب الطفل للمثيرات البصرية والأدوات المتطابقة أو الصور؟

		الأول	الثاني	الثالث	الرابع
١.	يتتبّع بصريًا المثيرات المتحركة لمدة ثانيتين، خمس مرات (م م: ٣٠ دقيقة)				
٢.	يمسك الأغراض الصغيرة باستخدام الإبهام والسبابة، خمس مرات (م)				
٣.	ينتبه بصريًا إلى لعبة أو كتاب ما، لمدة ٣٠ ثانية (ليس كاستثارةٍ ذاتيةٍ) (م)				
٤.	يؤدي اثنين من أنشطة اللعب التالية أو ما يماثلها: يضع ٣ أغراض في عبوة، يضع ٣ مكعبات فوق بعضها البعض، يدخل ٣ حلقات في عمودٍ أسطواني (إ، م)				
٥.	يطابق ١٠ أغراض متماثلة، مثل: الأحاجي، الألعاب، الأغراض، أو الصور (إ، م)				

الملاحظات:

تقييم المعالم: المستوى الأول (٠-١٨ شهراً)

أسلوب التقييم: الاختبار المباشر(ا) المراقبة (م) اختبار أو مراقبة (ا، م) المراقبة الموقوتة (م م)

اللعب المستقل

النتيجة النهائية:	التقييم			
	الأول	الثاني	الثالث	الرابع

هل يتفاعل الطفل من خلال اللعب المستقل المعزّز تلقائياً؟

		الأول	الثاني	الثالث	الرابع
١.	يلعب ويستكشف الأغراض لمدة دقيقة واحدة، مثلًا: ينظر إلى لعبةٍ ما، ويقلبها ويضغط على أزرارها (م م: ٣٠ دقيقة)				
٢.	ينوّع في اللعب من خلال التفاعل مع ٥ أغراض مختلفة، مثل: اللعب بالحلقات، ثم اللعب بكرة، ثم اللعب بمكعبات (م م: ٣٠ دقيقة)				
٣.	يظهر التعميمات من خلال الحركات الاستكشافية واللعب بالألعاب في بيئة جديدة، مثل: اللعب داخل غرفة ألعاب جديدة، ولمدة دقيقتين (م م: ٣٠ دقيقة)				
٤.	يلعب حركيًا بشكلٍ مستقلٍ، مثل: التأرجح، الرقص، الاهتزاز، ولقفز، التسلق، لمدة دقيقتين (م م: ٣٠ دقيقة)				
٥.	يلعب بشكلٍ مستقلٍ بالألعاب التي تعمل بمبدأ السبب والنتيجة، مثل: اللعب بالألعاب التي تصدر حركة عند الضغط عليها، أو الألعاب التي يتم جرها، ولمدة دقيقتين (م م: ٣٠ دقيقة)				

الملاحظات:

السلوك الاجتماعي واللعب الاجتماعي

النتيجة النهائية:	التقييم			
	الأول	الثاني	الثالث	الرابع

هل ينتبه الطفل ويستجيب للآخرين وهل يتفاعل معهم؟

		الأول	الثاني	الثالث	الرابع
١.	يتواصل بصريًا كنوع من أنواع الطلب، ٥ مرات (م م: ٣٠ دقيقة)				
٢.	يظهر رغبته بأن يتم حمله أو اللعب معه بدنيًا مثل: التسلق إلى حضن أمه، مرتين (م م: ٦٠ دقيقة)				
٣.	يتواصل بصريًا بشكلٍ عفويٍ مع أطفال آخرين، ٥ مرات (م م: ٣٠ دقيقة)				
٤.	يشارك باللعب الموازي مع أطفال آخرين بشكلٍ عفويٍ، لمدة دقيقتين (م م: ٣٠ دقيقة)				
٥.	يتبع أقرانه أو يقلد حركاتهم عفويًا مرتين، مثلًا: يتبع الطفل أحد أقرانه في الدخول لبيت الألعاب (م م: ٣٠ دقيقة)				

الملاحظات:

تقييم المعالم: المستوى الأول (٠-١٨ شهراً)

أسلوب التقييم: الاختبار المباشر(إ) المراقبة (م) اختبار أو مراقبة (إ، م) المراقبة الموقوتة (م م)

التقليد الحركي

النتيجة النهائية:

التقييم			
الأول	الثاني	الثالث	الرابع

هل يقلد الطفل أفعال الآخرين؟

الأول	الثاني	الثالث	الرابع		
				١.	يقلّد حركتين كبيرتين، مثل التصفيق ورفع اليدين، عند تلقينه: "أفعل هكذا" (إ)
				٢.	يقلّد ٤ حركات كبيرة عند تلقينه: "افعل هكذا" (إ)
				٣.	يقلّد ٨ حركات كبيرة اثنتان منها تتطلب أدوات، مثل: تحريك الألعاب الخشبية التي تصدر أصوات، نقر العصي مع بعضها البعض (إ)
				٤.	يقلّد عفويًا سلوكيّات الآخرين الحركية، في ٥ مناسبات (م)
				٥.	يقلّد ٢٠ سلوكًا حركيًا من أي نوع (الحركات الكبيرة والدقيقة وباستخدام الأغراض) (إ)

الملاحظات:

السلوك الصوتي التلقائي

النتيجة النهائية:

التقييم			
الأول	الثاني	الثالث	الرابع

كم من المرّات يصدر الطفل الأصوات، وما هي طبيعة تلك الأصوات؟

الأول	الثاني	الثالث	الرابع		
				١.	يصدر عفويًا ما مجموعه خمسة أصوات كل ساعة (م م: ٦٠ دقيقة)
				٢.	يصدر عفويًا ما مجموعه خمسة أصوات مختلفة، بمعدل ١٠ أصوات كل ساعة (م م: ٦٠ دقيقة)
				٣.	يصدر عفويًا ما مجموعه ١٠ أصوات مختلفة بتنغيم مختلف، وبمعدل ٢٥ صوت كل ساعة (م م: ٦٠ دقيقة)
				٤.	يصدر عفويًا ما مجموعه ٥ كلماتٍ، ولو بشكلٍ تقريبيٍّ (م م: ٦٠ دقيقة)
				٥.	يصدر عفويًا ما مجموعه ١٥ كلمة كاملةً، أو شبه جملة مع التنغيم والإيقاع المناسبين (م م: ٦٠ دقيقة)

الملاحظات:

أسلوب التقييم: الاختبار المباشر (إ) المراقبة (م) اختبار أو مراقبة (إ، م) المراقبة الموقوتة (م م)

الطلب

التقييم				النتيجة
الرابع	الثالث	الثاني	الأول	النهائية:

هل يستخدم الطفل الكلمات أو الإشارات أو الصور لطلب الأشياء أو الأنشطة؟

الرابع	الثالث	الثاني	الأول	٦. يتمكن من طلب ٢٠ غرضًا ناقصًا بدون تلقين باستثناء سؤاله: "ماذا تحتاج؟"، مثلًا: يطلب ورقة عند إعطائه أقلام تلوين (إ، م)
الرابع	الثالث	الثاني	الأول	٧. يتمكن من إصدار ٥ طلبات لأفعال مختلفة ضرورية للاستمتاع بنشاط معين، مثل: "افتح الباب" ليخرج، أو "ادفع" عند وجوده على الأرجوحة (إ، م)
الرابع	الثالث	الثاني	الأول	٨. يتمكن من إصدار ٥ طلبات مختلفة تحتوي على كلمتين أو أكثر (باستثناء كلمة "أريد")، مثل: "امش بسرعة"، "دوري أنا"، "اسكب العصير" (م م: ٦٠ دقيقة)
الرابع	الثالث	الثاني	الأول	٩. يتمكن من إصدار ١٥ طلبًا مختلفًا عفويًّا، مثل: "هيا نلعب"، "افتح"، "أريد كتابًا" (م م: ٣٠ دقيقة)
الرابع	الثالث	الثاني	الأول	١٠. يتمكن من إصدار ١٠ طلبات جديدة بدون تدريب رسمي، مثل قوله عفويًّا: "أين ذهبت القطة؟" (م)

الملاحظات:

التسمية

التقييم				النتيجة
الرابع	الثالث	الثاني	الأول	النهائية:

هل يسمي الطفل الأسماء والأفعال؟

الرابع	الثالث	الثاني	الأول	٦. يتمكن من تسمية ٢٥ غرضًا مثل: كتاب، حذاء، سيارة، كلب، قبعة، وذلك عند سؤاله: "ما هذا؟" (إ)
الرابع	الثالث	الثاني	الأول	٧. يستطيع تعميم التسميات من خلال ٣ أمثلة ل٥٠ غرضًا يتم اختبارها أو من خلال قائمة التعميمات المكتسبة، مثل: تسمية "سيارة" ل٣ أنواع مختلفة من السيارات (إ)
الرابع	الثالث	الثاني	الأول	٨. يستطيع تسمية ١٠ أفعال، مثل: "القفز"، "النوم"،"الأكل"، عند سؤاله: "ماذا أفعل؟" (إ)
الرابع	الثالث	الثاني	الأول	٩. يستطيع تسمية ٥٠ عبارة تحتوي على مكونين، مثل: فعل-اسم أو اسم-فعل، يتم اختبارها أو من خلال قائمة التسميات المكتسبة، مثل: "غسل الوجه"، "أحمد يتأرجح"، "الطفل نائم" (إ)
الرابع	الثالث	الثاني	الأول	١٠. يستطيع تسمية ٢٠٠ اسم أو/ و فعل (أو أجزاء جمل أخرى)، يتم اختبارها أو من خلال قائمة التسميات المكتسبة (إ)

الملاحظات:

تقييم المعالم: المستوى الثاني (١٨-٣٠ شهراً)

أسلوب التقييم: الاختبار المباشر(إ) المراقبة (م) اختبار أو مراقبة (إ، م) المراقبة الموقوتة (م م)

استجابة المستمع

النتيجة النهائية:

التقييم			
الأول	الثاني	الثالث	الرابع

هل يستخدم الطفل مهارات استجابة مستمع متقدّمة؟

		الأول	الثاني	الثالث	الرابع
٦.	يختار الغرض الصحيح المعروض ضمن مجموعة غير منسقة مكونة من ٦ أغراض، وذلك ل٤٠ غرضاً أو صورةً مختلفة، مثل اختياره للغرض عند سؤاله: "أين القطة؟"، "المس الكرة" (إ)				
٧.	يُعمّم استجابة المستمع بالاختيار من خلال مجموعة غير منسقة مكونة من ٨ أغراض، وذلك عبر ٣ أمثلة لـ ٥٠ غرضًا، مثلًا: يستطيع العثور على ٣ أمثلة لقطار (إ)				
٨.	يؤدي عشر حركات عندما يطلب منه ذلك مثل: "أرني كيف تصفّق"، "هل تستطيع القفز؟" (إ)				
٩.	يتبع التعليمات المكونة من عبارات تتضمن (اسم-فعل و/أو فعل-اسم)، وذلك لـ٥٠ عبارة تحتوي تعليمات مختلفة، مثل: "أرني الطفل النائم"، "ادفع الأرجوحة" (إ)				
١٠.	عند سماع اسم الغرض، يختار الغرض الصحيح في كتاب أو في صورة لمشهد ما أو في البيئة الطبيعية، وذلك لـ٢٥٠ غرضًا، عن طريق الاختبار أو من خلال قائمة الأسماء المكتسبة (إ)				

الملاحظات:

الإدراك البصري والمطابقة مع نموذج

النتيجة النهائية:

التقييم			
الأول	الثاني	الثالث	الرابع

هل يطابق الطفل المجسمات والصور المتماثلة وغير المتماثلة (المتشابهة)؟

		الأول	الثاني	الثالث	الرابع
٦.	يطابق أغراض أو صور متماثلة معروضة ضمن مجموعة غير منسقة مكونة من ٦ خيارات، وذلك ل٢٥ غرضا (إ)				
٧.	يفرز الألوان والأشكال المتشابهة لـ١٠ ألوان أو أشكال، وذلك بعد تقديم نموذج للاستجابة، مثلاً: عند إعطائه وعاءً أحمر وأزرق وأخضر، ومجموعة من الدببة الحمراء والزرقاء والخضراء، يقوم الطفل بفرز الدببة في الأوعية وفقًا للون بعد إعطائه نموذج للاستجابة (إ)				
٨.	يطابق أغراضًا وصورًا متماثلة معروضة في مجموعة غير منسقة مكونة من ٨ خيارات وتتضمن ٣ مثيرات متشابهة، مثلًا: يطابق كلبًا مع كلبٍ، في مجموعة تحتوي أيضًا على قطة وخنزير ومهرة، وذلك لـ٢٥ غرضًا (إ)				
٩.	يطابق أغراضًا أوصورًا متشابهة معروضة في مجموعة غير منسقة مكونة من ١٠ خيارات، مثلا: يطابق شاحنة من نوع فورد مع شاحنة من نوع تويوتا، وذلك لـ٢٥ غرضًا (إ)				
١٠.	يطابق مجسمات الأغراض (ثلاثية الأبعاد) مع صور (ثنائية الأبعاد) غير متماثلة مع الأغراض و/أو العكس، بحيث تكون معروضة ضمن مجموعات غير منسقة مكونة من ١٠ خيارات منها ٣ خيارات متشابهة، وذلك لـ٢٥ غرضًا (إ)				

الملاحظات:

تقييم المعالم: المستوى الثاني (١٨-٣٠ شهراً)

أسلوب التقييم: الاختبار المباشر (إ) المراقبة (م) اختبار أو مراقبة (إ، م) المراقبة الموقوتة (م م)

اللعب المستقل

النتيجة النهائية:

التقييم			
الأول	الثاني	الثالث	الرابع

هل ينخرط الطفل باللعب المستقل المعزّز تلقائياً؟

		الأول	الثاني	الثالث	الرابع
٦.	يبحث عن غرض ناقص أو مكمِّل لـ٥ ألعاب، مثل: قطعة من أحجية، كرة للعبة الرمي، زجاجة الرضاعة لدمية (إ، م)				
٧.	يظهر طريقة استخدام اللعبة أو الأداة وفقًا لوظائفها، مثل: وضع قطار على السكة، جرّ عربة، رفع سماعة الهاتف عند الأذن، وذلك لـ٥ أغراض (م)				
٨.	يلعب بالأغراض المألوفة بطريقة إبداعية مرتين، مثلًا: يستخدم الوعاء كطبلة، أو الصندوق على أنه سيارة وهمية (م)				
٩.	يندمج باللعب الخارجي لمدة ٥ دقائق، مثل: اللعب على جهاز الزحلقة والأرجوحة (م م: ٣٠ دقيقة)				
١٠.	يقوم بجمع وتركيب الألعاب التي تحتوي على عدة أجزاء، مثل: أجزاء رأس البطاطا، عائلة من الدمى الصغيرة، أجزاء القطار والسكة، وذلك لـ٥ مجموعات مختلفة (م)				

الملاحظات:

السلوك الاجتماعي واللعب الاجتماعي

النتيجة النهائية:

التقييم			
الأول	الثاني	الثالث	الرابع

هل يشارك الطفل عفويًا بأنشطة الأطفال الآخرين وهل يتفاعل معهم لفظيًا؟

		الأول	الثاني	الثالث	الرابع
٦.	يبادر في التفاعل البدني مع أقرانه مرتين، مثلاً: يدفع أرجوحة أو عربة يجلس فيها طفل آخر، يمسك بيد طفل آخر (م م: ٣٠ دقيقة)				
٧.	يطلب من أقرانه عفويًا ٥ مرات، مثل قوله: "حان دوري"، "ادفعني"، "انظر"، "هيا بنا" (م م: ٦٠ دقيقة)				
٨.	يندمج باللعب الاجتماعي مع أقرانه لثلاث دقائق بدون تلقينٍ، أو معزّزات من الآخرين، مثل: التعاون في بناء مجسم لعب، اللعب بالماء (م م: ٣٠ دقيقة)				
٩.	يتجاوب عفويًا مع الطلبات المقدّمة من قبل أقرانه ٥ مرات، مثل: "اسحبني في العربة"، "أريد قطاراً" (إ، م)				
١٠.	يطلب مرتين عفويًا من أقرانه مشاركتهم في الألعاب أو اللعب الجماعي، مثل قوله: "هيا بنا نحفر حفرة" (م م: ٦٠ دقيقة)				

الملاحظات:

تقييم المعالم: المستوى الثاني (١٨-٣٠ شهراً)

أسلوب التقييم: الاختبار المباشر(إ) المراقبة (م) اختبار أو مراقبة (إ، م) المراقبة الموقوتة (م م)

التقليد الحركي

النتيجة النهائية:

التقييم			
الأول	الثاني	الثالث	الرابع

هل يقلّد الطفل أفعال الآخرين؟

		الأول	الثاني	الثالث	الرابع
٦.	يقلّد ١٠ أفعال تتطلب اختيار غرضٍ ما من مجموعة، مثلًا: يقلد الدّق على الطبلة، بعد اختياره عصا الطبلة من مجموعة تحتوي على عصا وبوقٍ وجرسٍ (إ)				
٧.	يقلّد ٢٠ حركة دقيقة مثل: تحريك الأصابع، القرص، عمل قبضة، عمل حركة فراشة، عند تلقينه: "قم بهذا" (إ)				
٨.	يقلّد ١٠ تسلسلات لأفعال، كل سلسلة تتكون من ثلاثة أجزاء مثل: التصفيق والقفز ولمس الأصابع، أو التقاط الدمية ووضعها في السرير وهز السرير، وذلك عند تلقينه: "قم بهذا" (إ)				
٩.	يقلّد ٥ مهارات وظيفية في السياق الطبيعي، مثل: الأكل باستخدام ملعقة، لبس السترة، خلع الحذاء (م)				
١٠.	يقلّد (أو يحاول تقليد) الحركات الجديدة المنمذجة من قبل الآخرين، باستخدام أو بدون استخدام الأغراض، أي أنّه يعمم سلوك التقليد (إ)				

الملاحظات:

استجابة المستمع المتعلقة بالوظيفة والخصائص والصنف

النتيجة النهائية:

التقييم			
الأول	الثاني	الثالث	الرابع

هل يتمكن الطفل من فهم الكلمات التي يسمعها والتي تصف الأسماء أو الأفعال المتعلقة بالوظيفة والخصائص والصنف؟

		الأول	الثاني	الثالث	الرابع
٦.	يختار ٥ أنواع طعام أو شراب عند عرض كل منها في مجموعة مكونة من ٥ خيارات (منهم ٤ خيارات لا تتعلق بالطعام أو الشراب)، وسؤاله الأسئلة التي تتطلب تكملة مثل: "تأكل...."، أو "تشرب..." (إ)				
٧.	يختار الغرض الصحيح المعروض ضمن مجموعة مكونة من ٨ خيارات وذلك لـ٢٥ استجابة مستمع متعلقة بالوظيفة أو الخصائص أو الصنف، عند سؤاله الأسئلة التي تتطلب تكملة مثل: "اجلس على..." (إ)				
٨.	يختار الغرض الصحيح المعروض ضمن مجموعة مكونة من ١٠ خيارات أو من كتاب، وذلك لـ ٢٥ استجابة مستمع تحتوي على فعل-اسم وتتضمن "ماذا" أو "من" أو "أي"، مثل: "ماذا تركب؟"، "أي حيوان ينبح؟"، "من يستطيع القفز؟" (إ)				
٩.	يختار الغرض الصحيح عند سماعه لـ٣ عبارات مختلفة عن الغرض، مثل: "اعثر على حيوان"، "من ينبح؟"، "من لديه مخالب؟"، وذلك لـ٢٥ غرضًا (إ)				
١٠.	يسمي الغرض عفويًا بنسبة ٥٠% من الوقت أثناء تجارب استجابة المستمع المتعلقة بالوظيفة والخصائص والصنف، مثلاً يقول: "كلب" عند سؤاله: "اعثر على حيوان"، وذلك بوجود صورةٍ لكلب ضمن مجموعة صور (إ، م)				

الملاحظات:

تقييم المعالم: المستوى الثاني (١٨-٣٠ شهراً)

أسلوب التقييم: الاختبار المباشر(إ) المراقبة (م) اختبار أو مراقبة (إ، م) المراقبة الموقوتة (م م)

الرد المبني على السياق

النتيجة النهائية:

التقييم			
الأول	الثاني	الثالث	الرابع

هل يتجاوب الطفل لفظياً لمحتوى الكلمات المحكية من قبل الآخرين؟

		الأول	الثاني	الثالث	الرابع
٦.	يكمل ١٠ عبارات من أي نوع، مثل: تكملة الأغاني أو الألعاب الاجتماعية أو أصوات الحيوانات أو أصوات الأدوات (إ)				
٧.	يقول المقطع الأول من اسمه عند سؤاله: "ما اسمك؟" (إ)				
٨.	يكمل ٢٥ عبارة (باستثناء الأغاني) مثل: "أنت تأكل..."، "أنت تنام على..."، "حذاء و..." (إ)				
٩.	يجيب عن ٢٥ سؤالًا يتضمن "ماذا"، مثل: "ماذا تمشط؟" (إ)				
١٠.	يجيب عن ٢٥ سؤالًا مختلفًا يتضمن "من" و"أين"، مثل: "من صديقك؟"، "أين وسادتك؟" (إ)				

الملاحظات:

المهارات الجماعية والروتين الصفي

النتيجة النهائية:

التقييم			
الأول	الثاني	الثالث	الرابع

هل يتبع الطفل الروتين اليومي في الغرف الصفيّة، وهل يشارك في الأنشطة الجماعية، وهل يتجاوب مع التعليم الجماعي؟

		الأول	الثاني	الثالث	الرابع
٦.	يجلس ضمن مجموعة عند تناول الوجبات الخفيفة أو الغداء، بدون سلوكيات سلبية ولمدة ٣ دقائق (م)				
٧.	يضع أغراضه الشخصيّة في أماكنها، ويصطف في الطابور، ويأتي إلى الطاولة، باستخدام تلقين لفظي واحد (م)				
٨.	ينتقل ما بين الأنشطة الصفية، باستخدام ما لا يزيد عن تلقين إيمائي أو تلقين لفظي واحد (م)				
٩.	يجلس في المجموعات الصغيرة لمدة ٥ دقائق، بدون سلوك سلبي أو محاولة ترك المجموعة (م)				
١٠.	يجلس في المجموعات الصغيرة لمدة ١٠ دقائق، وينتبه للمعلم أو المادة المعروضة بنسبة ٥٠% من الوقت، ويتجاوب مع ٥ مثيرات مميزة يقدّمها المعلم (م)				

الملاحظات:

تقييم المعالم: المستوى الثاني (١٨-٣٠ شهراً)

أسلوب التقييم: الاختبار المباشر(إ) المراقبة (م) اختبار أو مراقبة (إ، م) المراقبة الموقوتة (م م)

قواعد البنية اللغوية

النتيجة النهائية:

التقييم			
الأول	الثاني	الثالث	الرابع

هل أصبح نطق الطفل أوضح؟ هل اكتسابه للمصطلحات واصداره لعبارات وجمل تتكون من كلمتين أو ثلاث بتزايد؟

الأول	الثاني	الثالث	الرابع		
				٦.	يستطيع الآخرون فهم ١٠ مسميات للطفل من خلال لفظه لها بوضوح، وبدون رؤية الآخرين لما يسمّيه الطفل (إ)
				٧.	يظهر استيعابه لـ١٠٠ كلمة من خلال مهارات استجابة المستمع، مثل سؤاله: "المس أنفك"، "اقفز"، "اعثر على المفاتيح" (إ)
				٨.	يقول ١٠ عبارات تتكون من كلمتين في اليوم الواحد، وقد تكون من أيّ نوع من الإجراءات اللفظية، مثل: الطلب أو التسمية، إنما باستثناء التكرار اللفظي (إ، م)
				٩.	يستخدم الإيقاع أو الشِدة أو التنغيم أثناء الكلام، وذلك في ٥ مناسبات في يوم واحد، مثلا: يشدّد على كلمات معينة في عبارات مختلفة، مثل: "هذه **لي!**" (م)
				١٠.	لديه محصول لفظي بما يقارب ٣٠٠ كلمة (أيّ من الإجراءات اللفظية باستثناء التكرار) (إ، م)

الملاحظات:

تقييم المعالم: المستوى الثالث (٣٠-٤٨ شهراً)

أسلوب التقييم: الاختبار المباشر(إ) المراقبة (م) اختبار أو مراقبة (إ، م) المراقبة الموقوتة (م م)

الطلب

النتيجة النهائية:

التقييم			
الأول	الثاني	الثالث	الرابع

هل يطلب الطفل الحصول على معلومات، وهل يطلب باستخدام أجزاء الكلام المختلفة، وهل يقدّم التعليمات للآخرين؟

		الأول	الثاني	الثالث	الرابع
١١.	يطلب بعفويّة المعلومات الشفوية، باستخدام أدوات الاستفهام ٥ مرات، مثل: "ما اسمك؟"، "أين أذهب؟" (م م: ٦٠ دقيقة)				
١٢.	يطلب بأدب إيقاف نشاطٍ، أو إزالة غرض غير محببٍ في ٥ مناسبات مختلفة، مثل: "توقف عن دفعي رجاءً"، "لا شكرًا"، "هل ممكن أن تتحرك؟" (إ، م)				
١٣.	يطلب باستخدام ١٠ صفاتٍ أو ظروف مكان أوأحوال مختلفة، مثل: "أقلامي مكسورة"، "لا تخرجه إلى الخارج"، "اذهب سريعًا" (م م: ٦٠ دقيقة)				
١٤.	يقدّم التعليمات أو الشرح لكيفية عمل شيءٍ ما، أو لكيفية المشاركة بنشاطٍ ما ٥ مرات، مثل: "ضع الصمغ أولًا ثمّ ألصقها"، "اجلس هنا، بينما أحضرُ كتابًا" (م)				
١٥.	يطلب من الآخرين الانتباه لردوده المبنية على السياق ٥ مرات، مثل: "اسمعني..."، "سوف أخبرك..."، "هذا ما حصل..."، "إنّي أروي القصة....." (م)				

الملاحظات:

التسمية

النتيجة النهائية:

التقييم			
الأول	الثاني	الثالث	الرابع

هل يصدر الطفل مجموعة متنوعة من التسميات، وهل تتضمن التسميات أجزاء الكلام المختلفة؟

		الأول	الثاني	الثالث	الرابع
١١.	يسمّي لون وشكل ووظيفة ٥ أغراض (١٥ تسمية) عند الخلط بطريقة عرض الأغراض والأسئلة، مثل سؤاله: "ما هو لون الثلاجة؟"، "ما هو شكل الموبايل؟"، "ماذا تفعل بالكرة؟" (إ)				
١٢.	يسمّي ٤ ظروف مكان مختلفة، مثل: خارج، فوق، تحت، داخل، و ٤ ضمائر، مثل: أنا، أنت، هو، هي (إ، م)				
١٣.	يسمّي ٤ صفات مختلفة ليست ألوان أو أشكال، مثل: كبير، صغير، طويل، قصير، وأربعة أحوال، مثل: سريع، بطيء، بهدوء، برفق (إ، م)				
١٤.	يسمّي باستخدام جملٍ كاملةٍ مكونةٍ من ٤ كلمات أو أكثر، ٢٠ مرة (إ، م)				
١٥.	يملك ما مجموعه ١٠٠٠ كلمة (اسماء، أفعال، صفات...الخ)، عبر الاختبار أو عبر قائمة التسميات المعروفة (إ)				

الملاحظات:

تقييم المعالم: المستوى الثالث (٣٠-٤٨ شهراً)

أسلوب التقييم: الاختبار المباشر(إ) المراقبة (م) اختبار أو مراقبة (إ، م) المراقبة الموقوتة (م م)

استجابة المستمع

النتيجة النهائية:

التقييم			
الأول	الثاني	الثالث	الرابع

هل يتمكن الطفل من فهم الكلمات والجمل المعقّدة التي تتضمن أجزاء الكلام المختلفة؟

		الأول	الثاني	الثالث	الرابع
١١.	يختار الأغراض وفقًا للّون والشكل من مجموعة مكونة من ٦ مثيرات متشابهة، وذلك لأربعة ألوان وأربعة أشكال، مثل سؤاله: "اعثر على اللعبة الحمراء"، "اعثر على البسكويت المربع" (إ)				
١٢.	يتبع التعليمات التي تشمل ٦ ظروف مكان مختلفة، مثل الطلب منه: "قف خلف الكرسي"، و ٤ ضمائر مختلفة، مثل الطلب منه: "المس أذني" (إ)				
١٣.	يختار الأغراض المعروضة ضمن مجموعة من المثيرات المتشابهة وذلك لـ٤ أزواج من الصفات مثل: كبير-صغير؛ طويل-قصير، ويقوم بتنفيذ الأفعال وفقاً لـ٤ أزواج من الأحوال مثل: أكتب سريعا- امش بطيئا (إ)				
١٤.	يتبع ٣ خطوات عمل وذلك لـ١٠ تعليمات مختلفة، مثل الطلب منه: "اجلب سترتك، وعلّقها، واجلس" (إ)				
١٥.	لديه محصول استجابة المستمع لحوالي ١٢٠٠ كلمة (من أفعال وأسماء وصفات...الخ)، عبر الاختبار أو من خلال قائمة الكلمات المكتسبة (إ)				

الملاحظات:

الإدراك البصري والمطابقة مع نموذج

النتيجة النهائية:

التقييم			
الأول	الثاني	الثالث	الرابع

هل يكمل الطفل التصاميم والأنماط والتسلسلات المعقّدة؟

		الأول	الثاني	الثالث	الرابع
١١.	يطابق من خلال تقليده عفويًا ما فعله شخص آخر في نشاط فني مرتين، مثلًا: عند تلوين أحد أقرانه لكرة باللون الأحمر؛ يقوم الطفل بتلوين كرته بالمثل (م)				
١٢.	يعمّم المطابقة للأغراض غير المتماثلة المعروضة ضمن مجموعات غير منسقة مكونة من ١٠ خيارات، وبوجود ٣ مثيرات متشابهة، وذلك لـ ٢٥ غرضا (أي يطابق الأغراض الجديدة من المحاولة الأولى) (إ)				
١٣.	يكمل ٢٠ تصميمًا من المكعبات الخشبية أو الأحاجي الهندسية أو مهام مشابهة، باستخدام ما لا يقل عن ٨ قطع (إ)				
١٤.	يفرز ٥ أغراض من أصناف مختلفة دون أن يُقدّم له نموذج للاستجابة، مثل: الحيوانات، الملابس، الأثاث (إ)				
١٥.	يكمل ٢٠ نمطاً أو متتالية أو متسلسلة تتطلب كل منها ثلاث خطوات، مثل: نجمة-مثلث-قلب؛ نجمة-مثلث- .....(إ)				

الملاحظات:

تقييم المعالم: المستوى الثالث (٣٠-٤٨ شهراً)

أسلوب التقييم: الاختبار المباشر(إ) المراقبة (م) اختبار أو مراقبة (إ، م) المراقبة الموقوتة (م م)

اللعب المستقل

النتيجة النهائية:

التقييم			
الأول	الثاني	الثالث	الرابع

هل يندمج الطفل باللعب المستقل المُعزز تلقائياً بعفوية؟

		الأول	الثاني	الثالث	الرابع
١١.	يتفاعل عفويًا باللعب التظاهري أو المبني على الخيال في ٥ مناسبات، مثل: لعبة اللباس التنكري، حفلة تظاهرية مع الدمى، التظاهر بالطبخ (م)				
١٢.	يكرّر سلوكًا حركيًا كبيرًا للحصول على نتيجة أفضل لنشاطين، مثل: رمي الكرة في السلة، التلويح بالمضرب لصد الكرة، هز الأرجوحة (م)				
١٣.	ينخرط بالأعمال الفنية والحرفية بشكل مستقل لمدة ٥ دقائق، مثل: الرسم، التلوين، القص، الإلصاق (م)				
١٤.	ينخرط بأنشطة اللعب لمدة ١٠ دقائق مستمرة بدون تلقين أو معزّزات من البالغين، مثل: اللعب باللوح والطبشور، لعبة ارتداء الملابس التنكرية (م)				
١٥.	يرسم أو يكتب على الكرّاسات التعليمية بشكل مستقل لمدة ٥ دقائق، مثل: توصيل الخطوط من نقطة إلى نقطة، ألعاب المطابقة، المتاهات، تتبّع الأحرف والأرقام (م)				

الملاحظات:

السلوك الاجتماعي واللعب الاجتماعي

النتيجة النهائية:

التقييم			
الأول	الثاني	الثالث	الرابع

هل يشارك الطفل عفوياً بأنشطة أقرانه، وهل يتبادل الحوار اللفظي معهم؟

		الأول	الثاني	الثالث	الرابع
١١.	يتعاون مع أحد أقرانه عفويًا لاكمال ٥ مهام مختلفة، مثلًا: يمسك الطفل دلو الماء بينما يسكب الطفل الآخر الماء فيه (إ، م)				
١٢.	يطلب بعفوية من أقرانه طلبات مختلفة باستخدام أدوات الاستفهام خمس مرات، مثل: "أين أنت ذاهب؟"، "ما هذا؟"، "من تريد أن تكون؟" (م م: ٦٠ دقيقة)				
١٣.	يستجيب من خلال الرد المبني على السياق على خمسة أسئلة أو عبارات من أقرانه، مثلاً: يستجيب لفظيًا عندما يسأله أحد الأقران: "ماذا تريد أن تلعب؟" (إ، م)				
١٤.	يتفاعل باللعب التظاهري مع الأقران لمدة ٥ دقائق بدون تلقين من البالغين، يشارك مثلاً: بلعبة اللبس التنكري، بتمثيل الفيديوهات، بلعبة المنزل (م)				
١٥.	يتحاور باستخدام ٤ تبادلات لفظية متعلقة بموضوع واحدٍ مع أقرانه، وذلك لـ٥ مواضيع مختلفة، مثلًا: يتناقش الأطفال على طريقة بناء قلعة من الرمل (م)				

الملاحظات:

تقييم المعالم: المستوى الثالث (٣٠-٤٨ شهراً)

أسلوب التقييم: الاختبار المباشر(إ) المراقبة (م) اختبار أو مراقبة (إ، م) المراقبة الموقوتة (م م)

القراءة

النتيجة النهائية:

التقييم			
الأول	الثاني	الثالث	الرابع

هل يبدي الطفل اهتماماً بالكلمات والكتب، وهل يسمي ويميّز الحروف سمعيّاً، وهل يقرأ ويفهم بعض الكلمات؟

الأول	الثاني	الثالث	الرابع		
				.١١	ينتبه إلى الكتاب عند قراءة قصة له ٧٥% من الوقت (م م: ٣ دقائق)
				.١٢	يميّز سمعيًا ويختار الحرف من مجموعة مكونة من ٥ حروف، وذلك ل١٠حروف مختلفة (إ)
				.١٣	يسمّي ١٠ حروف عند الطلب (إ)
				.١٤	يقرأ اسمه (إ)
				.١٥	يطابق ٥ كلمات مع صورها أو مجسماتها في مجموعة مكونة من ٥ خيارات وبالعكس، مثلًا: يطابق كلمة عصفور مع صورة عصفور، ويطابق صورة عصفور مع كلمة عصفور (إ)

الملاحظات:

الكتابة

النتيجة النهائية:

التقييم			
الأول	الثاني	الثالث	الرابع

هل يرسم الطفل، وينقل الحروف والأرقام، ويكتب اسمه بدون مساعدة؟

الأول	الثاني	الثالث	الرابع		
				.١١	يقلّد شخصًا بالغًا بأداء ٥ حركات كتابية باستخدام أدوات وألواح الكتابة (إ)
				.١٢	يتتبّع مستخدمًا أدوات الكتابة خطوط ٥ أشكال هندسية مختلفة، مثل: دائرة، مربع، مثلث، مستطيل، نجمة، بحيث يبقى بحدود نصف سم من الخط (إ)
				.١٣	ينسخ ١٠ حروف أو أرقام بشكلٍ مقروءٍ (إ)
				.١٤	يستطيع تهجئة وكتابة إسمه بدون نسخ (إ)
				.١٥	ينسخ جميع الحروف الأبجدية (بشكلها المنفصل والمتصل) بشكل مقروء (إ)

الملاحظات:

تقييم المعالم: المستوى الثالث (٣٠-٤٨ شهراً)

أسلوب التقييم: الاختبار المباشر(إ) المراقبة (م) اختبار أو مراقبة (إ، م) المراقبة الموقوتة (م م)

استجابة المستمع المتعلقة بالوظيفة والخصائص والصنف

النتيجة النهائية:

التقييم			
الأول	الثاني	الثالث	الرابع

هل يفهم الطفل الكلمات المتعددة التي تصف الأسماء والأفعال، بما يتعلق بالوظائف والخصائص والصنف عند سماعها؟

		الأول	الثاني	الثالث	الرابع
١١.	يختار الغرض الصحيح المعروض ضمن مجموعة مكونة من ١٠ أغراض، بحيث تشمل المجموعة ٣ مثيرات متشابهة، مثل: أغراض بنفس اللون أو الشكل أو الصنف، ولكنها خيارات خاطئة، وذلك لـ٢٥ سؤالًا متعلقًا بالوظيفة والخصائص والصنف (إ)				
١٢.	يختار الأغراض من كتاب وفقًا لمكونين لفظيين: إما لخاصية مثل اللون، أو لوظيفة مثل الرسم، أو لصنف مثل الملابس. وذلك لـ ٢٥ غرضًا، مثل سؤاله: "هل ترى حيوانًا بني اللون؟"، "هل يمكنك العثور على ملابس بأزرار؟" (إ)				
١٣.	يختار الأغراض من كتاب أو في البيئة الطبيعية وفقًا لـ٣ مكونات لفظية (قد تشمل فعل، صفة، ظرف مكان، أو ضمير)، وذلك لـ ٢٥ سؤالًا متعلقًا بالوظيفة والخصائص والصنف، مثل سؤاله: "أي فاكهة تنمو على الشجر؟" (إ)				
١٤.	يختار الغرض الصحيح من كتاب أو في البيئة الطبيعية عند سماعه ٤ أسئلة متتالية متعلقة بالوظيفة والخصائص والصنف عن موضوعٍ واحدٍ مثل: "أين تسكن البقرة؟"، "ماذا تأكل البقرة؟"، "من يحلب البقرة؟" وذلك لـ٢٥ موضوعًا مختلفًا (إ)				
١٥.	لديه ما يقارب ١٠٠٠ ردٍّ خاصٍّ باستجابة المستمع المتعلقة بالوظيفة والخصائص والصنف، تم اختبارها أو من خلال قائمة استجابات المستمع المكتسبة (إ)				

الملاحظات:

الرد المبني على السياق

النتيجة النهائية:

التقييم			
الأول	الثاني	الثالث	الرابع

هل يتجاوب الطفل لفظياً لمحتوى كلام الآخرين؟

		الأول	الثاني	الثالث	الرابع
١١.	يطلق ٢٠ ردًا مبنيًا على السياق عفويًا (قد تكون الاستجابة طلبًا بشكل جزئي)، مثلًا يقول الأب:"أنا ذاهب إلى السيارة"، فيقول الطفل عفويًا:"أريد الذهاب في نزهة"(م)				
١٢.	لديه ٣٠٠ ردًا مبنيًا على السياق، تم اختبارها أو من خلال قائمة من الردود المبنية على السياق المكتسبة (إ)				
١٣.	يجيب عن سؤالين بعد سماعه لقصةٍ صغيرةٍ، أو مقطع من قصة (مكون من ١٥ كلمة أو أكثر)، وذلك لـ ٢٥ قصة، مثل سؤاله: "من هدم المنزل بالنفخ عليه؟" (إ)				
١٤.	يصف ٢٥ حدثًا أو فيديو أو قصة...إلخ، باستخدام ٨ كلمات أو أكثر، مثلًا: عند سؤاله: "أخبرني ما حصل"؛ يقول الطفل: "قام الوحش بإخافة الجميع، فهربوا إلى المنزل" (إ، م)				
١٥.	يجيب عن ٤ أسئلة استفهام مختلفة تختص بموضوعٍ واحدٍ، وذلك لـ١٠ مواضيع، مثل: "من يأخذك للمدرسة؟"، "إلى أي مدرسة تذهب؟"، "ماذا تأخذ للمدرسة؟" (إ)				

الملاحظات:

تقييم المعالم: المستوى الثالث (٣٠-٤٨ شهراً)

أسلوب التقييم: الاختبار المباشر(إ) المراقبة (م) اختبار أو مراقبة (إ، م) المراقبة الموقوتة (م م)

المهارات الجماعية والروتين الصفي

النتيجة النهائية:

التقييم			
الأول	الثاني	الثالث	الرابع

هل يتبع الطفل الروتين الصفي ويتعلم من خلال الأنشطة الجماعية؟

		الأول	الثاني	الثالث	الرابع
١١.	يستخدم المرحاض، ويغسل يديه مع تلقين لفظي (إ، م)				
١٢.	يستجيب لـ٥ تعليمات جماعية أو أسئلة بدون تلقينٍ مباشرٍ، أثناء تواجده في مجموعة مكونة من ٣ أطفال أو أكثر، مثل: "ليقف الجميع"، "هل يلبس أحدكم قبعةً حمراء؟" (م)				
١٣.	يعمل بشكلٍ مستقلٍ لمدة ٥ دقائق في مجموعة، ويحافظ على تركيزه في العمل ٥٠% من الوقت (م)				
١٤.	يكتسب مهارتين جديدتين في المجموعات التعليمية التي تتكون من ٥ أطفال أو أكثر، وذلك خلال ١٥ دقيقة (إ)				
١٥.	يجلس لمدة ٢٠ دقيقة في مجموعة تتضمن ٥ أطفال دون إزعاج، ويجيب عن ٥ أسئلة بردود مبنية على السياق (إ)				

الملاحظات:

قواعد البنية اللغوية

النتيجة النهائية:

التقييم			
الأول	الثاني	الثالث	الرابع

هل يتحدث الطفل ببناء لغوي وقواعد أكثر تعقيداً مثل استخدام الجمع والملكية والصفات والضمائر وتصريف الأفعال والظروف؟

		الأول	الثاني	الثالث	الرابع
١١.	يقول ١٠ أسماء بصيغة الجمع مثل: كراسي، كتب، سيارات، و١٠ أسماء بصيغة الملكية مثل: الكتاب لأحمد، الكرة لدينا (إ، م)				
١٢.	يصدر عنه ١٠ أفعال دالة على الماضي مثل: لَعبَ، و١٠ أفعال دالة على المستقبل مثل: سألعب (إ، م)				
١٣.	يستخدم ١٠ عبارات تبدأ باسم، وتحتوي على ما لا يقل عن ٣ كلماتٍ، بحيث تكون كلمتان من العبارة إما صفةً أو ظرف مكان أو ضميرًا، مثلًا: "السيارة الزرقاء لي"، "كرتي الكبيرة تحت الطاولة" (إ، م)				
١٤.	يستخدم ١٠ عبارات تبدأ بفعلٍ، وتحتوي على ما لا يقل عن ٣ كلمات، بحيث تكون كلمتان من العبارة إما حال أو ظرف مكان أو ضميرا، مثلًا "ادفعني إلى الأعلى بشدة"، "اصعد معي لأعلى الدرج" (إ، م)				
١٥.	يجمع الأسماء والأفعال في ١٠ عبارات أو جمل صحيحة تتكون ممّا لا يقل عن ٥ كلمات، مثل: "قام سمير بأكل تفاحتي اليوم" (إ، م)				

الملاحظات:

تقييم المعالم: المستوى الثالث (٣٠-٤٨ شهراً)

أسلوب التقييم: الاختبار المباشر(إ) المراقبة (م) اختبار أو مراقبة (إ، م) المراقبة الموقوتة (م م)

الحساب

النتيجة النهائية:

التقييم			
الأول	الثاني	الثالث	الرابع

هل يتقن الطفل المهارات الحسابية الأولية التي تشمل الأرقام والكميات والعد والقياس؟ (ملاحظة: يتم تقييم المهارات الهندسية الأولية، مثل: الأشكال، في أجزاء أخرى من هذا البروتوكول)

		الأول	الثاني	الثالث	الرابع
١١.	يميّز كمستمع ويختار الأرقام من ١-٥، في مجموعة مكونة من ٥ أرقام مختلفة (إ)				
١٢.	يسمّي الأرقام من ١-٥ (إ)				
١٣.	يعدّ من ١-٥ أغراض من مجموعة أكبر من الأغراض، وذلك من خلال العد المنطقي ١:١ (أي بالتنسيق ما بين الإشارة للمعدود والعد اللفظي)، مثل الطلب منه: "أعطني ٤ سيارات"، "الآن أعطني سيارتين" (إ)				
١٤.	يميز كمستمع ٨ مصطلحات للمقارنة تتضمن قياسات، مثل: أكثر أو أقل؛ كبير أو صغير؛ طويل أو قصير؛ ممتلئ أو فارغ؛ مرتفع أو منخفض (إ)				
١٥.	يطابق رقمًا مكتوبًا بعدد من الأغراض وبالعكس، وذلك للأرقام من ١-٥ ، مثلًا: يطابق الرقم ٣ لصورة فيها ٣ شاحنات (إ)				

الملاحظات:

نموذج تقييم العوائق – برنامج السلوك اللفظي

اسم الطالب:	
تاريخ الميلاد:	

العمر وقت التقييم:	١		٢		٣		٤	

المفتاح:	النتيجة	التاريخ	اللون	المُقيم
أول تقييم:				
ثاني تقييم:				
ثالث تقييم:				
رابع تقييم:				

السلوكيات السلبية

٤				
٣				
٢				
١				
	١	٢	٣	٤

سيطرة التعليمات على الاستجابة

٤				
٣				
٢				
١				
	١	٢	٣	٤

ضعف الطلب

٤				
٣				
٢				
١				
	١	٢	٣	٤

ضعف التسمية

٤				
٣				
٢				
١				
	١	٢	٣	٤

ضعف التقليد الحركي

٤				
٣				
٢				
١				
	١	٢	٣	٤

ضعف التكرار اللفظي

٤				
٣				
٢				
١				
	١	٢	٣	٤

ضعف الإدراك البصري

٤				
٣				
٢				
١				
	١	٢	٣	٤

ضعف استجابة المستمع

٤				
٣				
٢				
١				
	١	٢	٣	٤

ضعف الرد المبني على السياق

٤				
٣				
٢				
١				
	١	٢	٣	٤

ضعف المهارات الاجتماعية

٤				
٣				
٢				
١				
	١	٢	٣	٤

الاعتماد على التلقين

٤				
٣				
٢				
١				
	١	٢	٣	٤

الإجابات التخمينية المتتابعة

٤				
٣				
٢				
١				
	١	٢	٣	٤

ضعف المسح البصري

٤				
٣				
٢				
١				
	١	٢	٣	٤

عدم القدرة على التمييز المشروط

٤				
٣				
٢				
١				
	١	٢	٣	٤

عدم القدرة على التعميم

٤				
٣				
٢				
١				
	١	٢	٣	٤

عمليات محفزة غير اعتيادية

٤				
٣				
٢				
١				
	١	٢	٣	٤

تأثر العمليات المحفزة

٤				
٣				
٢				
١				
	١	٢	٣	٤

الاعتماد على المعززات

٤				
٣				
٢				
١				
	١	٢	٣	٤

الاستثارة الذاتية

٤				
٣				
٢				
١				
	١	٢	٣	٤

مشاكل النطق

٤				
٣				
٢				
١				
	١	٢	٣	٤

السلوك القهري

٤				
٣				
٢				
١				
	١	٢	٣	٤

فرط الحركة

٤				
٣				
٢				
١				
	١	٢	٣	٤

عدم التواصل البصري

٤				
٣				
٢				
١				
	١	٢	٣	٤

فرط الإحساس

٤				
٣				
٢				
١				
	١	٢	٣	٤

تقييم العوائق

٠ = لا يوجد مشكلة　١= مشكلة عرضية　٢= مشكلة متوسطة　٣= مشكلة دائمة　٤= مشكلة عسيرة

١. السلوكيات السلبية

النتيجة النهائية:

التقييم			
الأول	الثاني	الثالث	الرابع

٠. لا يبدي أي سلوك سلبي

١. يبدي سلوكاً سلبياً بسيط الحدّة بشكل أسبوعي، ولكن لفترة وجيزة

٢. يبدي العديد من السلوكيات السلبية الثانوية بشكل يومي، مثل: البكاء والرفض اللفظي والوقوع على الأرض

٣. يبدي سلوكاً سلبياً عسيراً بشكل يومي، مثل: نوبات الغضب ورمي الأشياء وتخريب الممتلكات

٤. غالباً ما يبدي سلوكاً سلبياً عسيراً يشكل خطراً عليه وعلى غيره، مثل: العدوانية وإيذاء النفس

٢. سيطرة التعليمات على الاستجابة

النتيجة النهائية:

التقييم			
الأول	الثاني	الثالث	الرابع

٠. يتعاون مع التعليمات والأوامر المقدمة من قبل البالغين

١. عدم الإطاعة لبعض من التعليمات، ولكن لمدة وجيزة

٢. عدم الإطاعة للتعليمات بعض المرات في اليوم، مع نوبات غضب بسيطة وبعض السلوكيات البسيطة الأخرى

٣. عدم الإطاعة للتعليمات عدة مرات في اليوم، مع نوبات غضب أطول وسلوكيات شديدة

٤. عدم الإطاعة للتعليمات هو الوضع الغالب خلال اليوم، السلوكيات السلبية قد تكون شديدة وخطيرة

٣. ضعف محصول الطلب أو عدم وجوده

النتيجة النهائية:

التقييم			
الأول	الثاني	الثالث	الرابع

٠. يتطور محصول الطلب بشكل مستمر ومتناسب مع تطور المعالم الأخرى

١. مهارة الطلب موجودة، ومهارة التكرار قوية، ولكن مهارات التسمية ومهارات استجابة المستمع أعلى من الطلب

٢. يكون الطلب مرتبطاً بعدد قليل من المعززات القابلة للاستهلاك (مثل الأكل)، بالرغم من قوة مهارات التسمية واستجابة المستمع ومهارات التكرار

٣. يكون الطلب محدوداً، معتمداً على التلقين، آلياً (كأنه يحفظ كلمات فقط)، أو تكون الطلبات تخمينية متتابعة، وقد تكون الطلبات غير مطابقة للعمليات المحفزة، أو يكون الطلب من خلال السلوكيات السلبية، والطلبات غير مناسبة ومبالغ فيها

٤. عدم وجود طلبات ذات معنى، يترافق مع ذلك سلوكيات سلبية، وقد تحدث نفس المشاكل المبينة في رقم ٣ أعلاه

تقييم العوائق

٠ = لا يوجد مشكلة	١= مشكلة عرضية	٢= مشكلة متوسطة	٣= مشكلة دائمة	٤= مشكلة عسيرة

٤. ضعف محصول التسمية أو عدم وجوده

النتيجة النهائية:	التقييم			
	الأول	الثاني	الثالث	الرابع

٠. يتطور محصول التسمية بشكل مستمر ومتناسب مع تطور المعالم الأخرى

١. مهارة التسمية موجودة، ومهارة التكرار قوية، ولكن مهارات استجابة المستمع أعلى من مهارات التسمية

٢. تحصل أخطاء في التسمية (بالرغم من قوة مهارات التكرار واستجابة المستمع)، وتكون التسمية محصورة بالتلقين أو الإجابات التخمينية المتتابعة، واستمرارية التدريب ضرورية لتثبيت المهارات المكتسبة

٣. تحصل أخطاء عديدة في التسمية (بالرغم من قوة مهارات التكرار واستجابة المستمع)، وتحدث التسمية بشكل آلي، وتكون بالعادة مكونة من كلمة واحدة بالرغم من قدرة الطفل على الاستجابة لعبارات مكونة من عدة كلمات، وعدم وجود العفويّة، وصعوبة في التعميم

٤. مهارات التسمية متدنية بالرغم من قوة مهارات التكرار واستجابة المستمع، وهناك صعوبة في اكتساب مهارات التسمية

٥. ضعف التقليد الحركي أو عدم وجوده

النتيجة النهائية:	التقييم			
	الأول	الثاني	الثالث	الرابع

٠. يتطور محصول التقليد الحركي بشكل مستمر ومتناسب مع تطور المعالم الأخرى

١. وجود مهارة التقليد الحركي، ولكن نتيجة تقييم هذه المهارة أقل من نتائج المهارات الأخرى في تقييم المعالم

٢. لا يعمّم التقليد بسهولة، التقليد غير مناسب، أو معتمد على التلقين بالتقليد الحركي (النمذجة)

٣. يكون التقليد معتمداً على التلقين البدني أو اللفظي، ضعف العمليات المحفزة للتقليد، إنما لديه مهارات في معالم أخرى

٤. لا يملك مهارات تقليد، أو يملك ولكن لا يستخدمها بطريقة وظيفية

٦. ضعف محصول التكرار اللفظي أو عدم وجوده

النتيجة النهائية:	التقييم			
	الأول	الثاني	الثالث	الرابع

٠. يتطور محصول التكرار بشكل مستمر ومتناسب مع تطور المعالم الأخرى

١. وجود مهارة التكرار، ولكن التقليد الحركي أقوى من التكرار

٢. الاعتماد على التلقين بالتكرار اللفظي، مع صعوبة في الانتقال من التكرار إلى مهارات أخرى كالتسمية والطلب، وعدم المقدرة على تعميم مهارات التكرار

٣. ظهور المصاداة أو المصاداة المتأخرة، ويتطلب تعليم مكثف لاكتساب مهارات تكرار جديدة

٤. لا يملك مهارات تكرار ولكن لديه مهارات أخرى، يستخدم الإشارة أو الصور، وقد يؤدي التدريب على مهارات التكرار إلى سلوكيات سلبية

تقييم العوائق

٠ = لا يوجد مشكلة	١= مشكلة عرضية	٢= مشكلة متوسطة	٣= مشكلة دائمة	٤= مشكلة عسيرة

٧. ضعف مهارات الإدراك البصري أو عدم وجودها

النتيجة النهائية:

التقييم			
الأول	الثاني	الثالث	الرابع

٠. تتطور مهارات الإدراك البصري والمطابقة بشكل مستمر ومتناسب مع تطور المعالم الأخرى

١. وجود مهارة المطابقة، ولكن نتيجة تقييم هذه المهارة أقل من نتائج المهارات الأخرى في تقييم المعالم وخاصة مهارات استجابة المستمع

٢. وجود أخطاء في المطابقة نتيجة الإجابات التخمينية المتتابعة، والانحياز للنظر والاختيار من جهة أو منطقة معينة، وضعف في المسح البصري، أو اختيار آخر استجابة تم تعزيزها

٣. حدوث سلوكيات سلبية عند التدريب، عدم التعميم، والمطابقة في مجموعات صغيرة فقط، وحدوث أخطاء عند استخدام مثيرات متشابهة أثناء التدريب

٤. لا يملك مهارات مطابقة ولكن لديه مهارات أخرى، صعوبة كبيرة في اكتساب مهارة الإدراك البصري والمطابقة، ومحاولة التهرب وتجاهل التعليمات أثناء التدريب

٨. ضعف محصول استجابة المستمع أو عدم وجوده

النتيجة النهائية:

التقييم			
الأول	الثاني	الثالث	الرابع

٠. يتطور محصول استجابة المستمع بشكل مستمر ومتناسب مع تطور المعالم الأخرى

١. وجود مهارة استجابة المستمع، ولكن نتيجة تقييم هذه المهارة أقل من نتائج المهارات الأخرى في تقييم المعالم وخاصة مهارة التسمية

٢. وجود أخطاء في استجابة المستمع نتيجة الإجابات التخمينية المتتابعة، والانحياز للنظر والاختيار من جهة أو منطقة معينة، وضعف في المسح البصري أو اختيار آخر استجابة تم تعزيزها

٣. حدوث سلوكيات سلبية عند التدريب، وعدم التعميم، الاختيار الصحيح فقط في المجموعات الصغيرة، وحدوث أخطاء عند استخدام مثيرات لفظية معقّدة

٤. لا يملك مهارات استجابة المستمع ولكن لديه مهارات أخرى، وصعوبة في اكتساب مهارات استجابة المستمع، ومحاولة التهرب وتجاهل التعليمات أثناء التدريب

٩. ضعف محصول الرد المبني على السياق أو عدم وجوده

النتيجة النهائية:

التقييم			
الأول	الثاني	الثالث	الرابع

٠. يتطور محصول الرد المبني على السياق بشكل مستمر ومتناسب مع تطور المعالم الأخرى

١. وجود الرد المبني على السياق، ولكن نتيجة تقييم هذه المهارة أقل من نتائج المهارات الأخرى في تقييم المعالم وخاصة التسمية واستجابة المستمع واستجابة المستمع المتعلقة بالوظيفة والخصائص والصنف

٢. وجود أخطاء في الرد المبني على السياق، يرد بشكل آلي نتيجة إجابات تخمينية متتابعة، والاعتماد على التلقين، وعدم وجود العفوية، ووجود المصاداة

٣. تطور محدود في التدريب على الرد المبني على السياق، ووجود أخطاء في أغلب الأحيان، والاستجابة بشكل آلي، ويتم نسيان الرد بسرعة، وعدم التعميم، وعدم استخدام السلوك مع الأقران، بالرغم من أن مهارات الطلب والتسمية واستجابة المستمع موجودة

٤. لا يملك مهارات الرد المبني على السياق، أوإن وجدت تكون كاستجابات آلية بشكل قوي بالرغم من وجود مهارات الطلب والتسمية واستجابة المستمع

تقييم العوائق

٠ = لا يوجد مشكلة	١= مشكلة عرضية	٢= مشكلة متوسطة	٣= مشكلة دائمة	٤= مشكلة عسيرة

١٠. ضعف المهارات الاجتماعية أوعدم وجودها

النتيجة النهائية:

التقييم			
الأول	الثاني	الثالث	الرابع

٠. تكون المهارات الاجتماعية متوافقة مع عمر الطفل، وتتطور بشكل مستمر ومتناسب مع تطور المعالم الأخرى
١. وجود المهارات الاجتماعية، ولكن نتيجة تقييم هذه المهارة أقل من نتائج المهارات الأخرى في تقييم المعالم
٢. يشارك باللعب الموازي ولكن لا يبادر بالتواصل الاجتماعي، ونادراً ما يقلد أقرانه أو يقوم بالطلب منهم
٣. لا يأخذ دوره أو يشارك غيره، ولا يستجيب لطلبات أقرانه أو يتعاون معهم، ولا يشارك في اللعب الاجتماعي أو الخيالي مع أقرانه، ولكنه يملك مهارات لغوية
٤. يلعب لوحده في أغلب الأحيان ولا يتواصل لفظياً أو غير لفظياً مع أقرانه، مهارات أخرى قد تكون قوية

١١. الاعتماد على التلقين

النتيجة النهائية:

التقييم			
الأول	الثاني	الثالث	الرابع

٠. يتعلم مهارات جديدة باستمرار، ولا توجد مظاهر للاعتماد على التلقين
١. غالباً ما يحتاج عدة محاولات للتخلّص من التلقين، ولكن عملية التخلّص من التلقين تكون عادة ناجحة
٢. تصبح بعض المهارات معتمدة على التلقين، مثل: الرد المبني على السياق والسلوك الاجتماعي واستجابة المستمع
٣. من الصعب عادة التخلّص من التلقين، وغالباً ما يكون التلقين غير ملحوظ، وتكون المهارات اللفظية محدودة
٤. من الصعب التخلّص من التلقين، وتكون معظم المهارات معتمدة على تلقين التكرار اللفظي أو التلقين اللفظي أو التلقين التقليدي (النمذجة)

١٢. الإجابات التخمينية المتتابعة

النتيجة النهائية:

التقييم			
الأول	الثاني	الثالث	الرابع

٠. لا توجد إجابات تخمينية متتابعة لأي محصول
١. تظهر الإجابات التخمينية المتتابعة أحياناً عند إضافة كلمات جديدة، ولكنها تتوقف بعد عدد من محاولات التدريب
٢. تشكل الإجابات التخمينية المتتابعة مشكلة دائمة وتحتاج إلى عدة محاولات لإيقافها، ولكن يتم تعلّم كلمات جديدة في نهاية المطاف
٣. تستمر الإجابات التخمينية المتتابعة بالظهور مع الكلمات المكتسبة من قبل، وتظهر مع إحدى أو جميع المهارات: كالطلب أوالتسمية أو استجابة المستمع أو الرد المبني على السياق، ولكنها لا تظهر مع مهارات التكرار اللفظي أو التقليد الحركي، ويتم تعلّم عدد محدود جداً من الكلمات الجديدة
٤. تظهر الإجابات التخمينية المتتابعة في أغلب الأحيان وهناك صعوبة كبيرة في التخلص منها

تقييم العوائق

٠ = لا يوجد مشكلة ١= مشكلة عرضية ٢= مشكلة متوسطة ٣= مشكلة دائمة ٤= مشكلة عسيرة

١٣. ضعف المسح البصري

النتيجة النهائية:

التقييم			
الأول	الثاني	الثالث	الرابع

٠. يتمكن من مسح المجموعات بصرياً إذا تطلبت المهمة ذلك

١. قد تشكل المجموعات الكبيرة ذات المثيرات المتشابهة مشاكل في المسح البصري، ولكنها تتم بنجاح بعد محاولتين

٢. ضعف في المسح البصري، وغالباً ما يعتمد على التلقين، ويكون مقيداً بمجموعات تتكون من ٥ أو أقل من المثيرات، ويكون المسح البصري للمشاهد البسيطة محدوداً

٣. يقتصر المسح البصري على مجموعات تتكون من ٢ أو ٣ مثيرات، وتكون الاستجابات معتمدة على التلقين، وتكون نتائج مهارات الإدراك البصري والمطابقة واستجابة المستمع وكذلك استجابة المستمع المتعلقة بالوظائف والخصائص والصنف متدنية

٤. لا يتمكن من مسح المجوعات بصرياً، ويستجيب قبل عملية المسح البصري، ويؤدي الإصرار على التدريب على مهام المسح البصري إلى سلوكيات سلبية

١٤. عدم القدرة على التمييز المشروط

النتيجة النهائية:

التقييم			
الأول	الثاني	الثالث	الرابع

٠. القدرة على التمييز المشروط متناسبة مع تطور المعالم الأخرى

١. يواجه مشاكل عندما يتطلب التمييز المشروط جهداً وانتباهاً كبيراً، مثل: المجموعات الكبيرة، المشاهد، وجود المثيرات المتشابهة

٢. تطور محدود في المهام التي تتطلب تمييزاً لفظياً مشروطاً، مثل: استجابة المستمع، واستجابة المستمع المتعلقة بالوظائف والخصائص والصنف، والرد المبني على السياق، ولكنه يتقدم بشكل جيد في نواحٍ أخرى

٣. يفشل في أغلب المهام التي تتطلب تمييزاً مشروطاً (باستثناء مهارات الإدراك البصري والمطابقة)، وتؤدي تلك المهام إلى سلوكيات سلبية، وهناك صعوبة واضحة في اكتساب مهارة التمييز المشروط

٤. لا يتمكن من التمييز المشروط، ولكن عنده القدرة على التمييز البسيط، مثل: الطلب والتكرار والتسمية باستخدام كلمة واحدة، أو التقليد لحركة واحدة

١٥. عدم القدرة على التعميم

النتيجة النهائية:

التقييم			
الأول	الثاني	الثالث	الرابع

٠. يتمكن من تعميم الردود بشكل متناسب مع تطور المهارات الأخرى

١. يواجه صعوبة في التعميم عبر المثيرات، أو في تعميم بعض المهارات

٢. يحتاج إلى التدريب الرسمي على التعميم لأغلب المهارات، ولكن يتمكن من إتقانه في نهاية المطاف

٣. يحتاج تدريباً مكثفاً على التعميم لأغلب المهارات، وغالباً ما يفقد المهارات المعمّمة

٤. غير قادر على التعميم، باستثناء أنواع التعميم البسيطة، مثل: عبر الوقت والبيئة، وتكون الاستجابة بشكل آلي، والتقدّم بطيء

تقييم العوائق

٠ = لا يوجد مشكلة   ١= مشكلة عرضية   ٢= مشكلة متوسطة   ٣= مشكلة دائمة   ٤= مشكلة عسيرة

١٦. عمليات محفزة غير اعتيادية أو ضعيفة

النتيجة النهائية:

التقييم			
الأول	الثاني	الثالث	الرابع

٠. يملك العديد من العمليات المحفزة التي تتوافق مع عمره

١. يلاحظ البالغون أن محفزات الطفل تختلف عن محفزات باقي الأطفال

٢. وجود عمليات محفزة لسلوكيات نمطية غريبة، وضعف في العمليات المحفزة المتوافقة مع عمر الطفل، وضعف في العمليات المحفزة ذات الطابع الاجتماعي

٣. العمليات المحفزة للمعززات الأولية: كالأكل والنوم غير اعتيادية، وتأثير العمليات المحفزة يقل بسرعة، ووجود سلوكيات نمطية قوية

٤. العمليات المحفزة محدودة جداً، والعمليات المحفزة غير الاعتيادية قوية، وعدد قليل جدا من العمليات المحفزة التي تتوافق مع عمر الطفل

١٧. تأثّر العمليات المحفزة بمتطلبات الاستجابة

النتيجة النهائية:

التقييم			
الأول	الثاني	الثالث	الرابع

٠. لا يفقد الاهتمام بالمعزّزات عندما تكون المتطلبات مناسبة لقدراته

١. يبدي نقصا في الاهتمام إذا ازدادت المتطلبات قليلاً

٢. يملك عمليات محفزة قوية، ولكنه يتحمل مجموعات محدودة من الردود قبل فقدان الاهتمام بالمعززات

٣. سريع في فقدان الاهتمام بعد عدد قليل من الردود

٤. يبتعد عن المعزّزات القوية عند طلب أي شيء بسيط منه

١٨. الاعتماد على المعززات

النتيجة النهائية:

التقييم			
الأول	الثاني	الثالث	الرابع

٠. لا يواجه صعوبة في الانتقال للمعززات المتقطّعة أو للمعززات اللفظية أو الاجتماعية

١. يواجه بعض الصعوبات في الانتقال للمعززات المتقطّعة أو الاجتماعية ولكنه ينجح في نهاية المطاف

٢. غالباً ما يحتاج إلى معززات ملموسة أو قابلة للاستهلاك بشكل متقطع

٣. من الصعب العمل مع الطفل دون استخدام المعززات القابلة للاستهلاك والملموسة بشكل متكرر، ويميل إلى الهروب وتجاهل التعليمات

٤. يعتمد على المعززات القابلة للاستهلاك والملموسة بعد كل رد ليتمكن من التعلّم

تقييم العوائق

٠ = لا يوجد مشكلة	١= مشكلة عرضية	٢= مشكلة متوسطة	٣= مشكلة دائمة	٤= مشكلة عسيرة

١٩. الاستثارة الذاتية

التقييم				النتيجة النهائية:
الأول	الثاني	الثالث	الرابع	

٠. لا يبدي سلوك الاستثارة الذاتية أو أي سلوك تكرر نمطي
١. يبدي بعضاً من سلوكيات الاستثارة الذاتية ولكنها لا تؤثر على الأنشطة الأخرى
٢. يبدي سلوكيات الاستثارة الذاتية بشكل يؤثر على الأنشطة الأخرى في أغلب الأحيان
٣. يبدي سلوكيات الاستثارة الذاتية بشكل كبير، مما يؤثر على الأنشطة التعليمية والاجتماعية
٤. يبدي سلوكيات الاستثارة الذاتية بشكل متواصل، وتكون المعززات الأخرى ضعيفة

٢٠. مشاكل النطق

التقييم				النتيجة النهائية:
الأول	الثاني	الثالث	الرابع	

٠. يتمكن معظم البالغون من فهم السلوك الصوتي للطفل
١. يواجه صعوبة في نطق بعض الكلمات ولكن كلماته مفهومة بالعادة، ويتحسن النطق مع الوقت
٢. يواجه الغرباء صعوبة في فهمه، بالرغم من إتقانه لمعظم مهارات المستوى الثاني في تقييم المعالم
٣. يملك عدداً محدوداً من المهارات الصوتية، ولديه أخطاء متعددة في النطق
٤. لا يتكلم، أو لا يتم فهمه إطلاقاً، بالرغم من حصوله على نتائج أعلى في مهارات معالم أخرى

٢١. السلوك القهري

التقييم				النتيجة النهائية:
الأول	الثاني	الثالث	الرابع	

٠. لا يبدي أي سلوك قهري يعيق عملية التعلّم
١. يبدي سلوكاً قهرياً بسيطاً، ولكن من السهل التخلّص منه ولا يعيق عملية التعلّم
٢. يبدي عدة سلوكيات قهرية، ويصدر سلوكاً سلبياً بسيطاً عند عدم تمكنه من القيام بالسلوك القهري، ولكن غالياً ما يشارك ويستجيب في المهام التعليمية بدون المزيد من الاضطراب
٣. يبدي عدة سلوكيات قهرية ويصدر سلوكاً سلبياً، وغالباً لا يستجيب بدون تكملة السلوك القهري، مما يعيق عملية التعلّم
٤. السلوك القهري هو الوضع الغالب خلال اليوم، وقد يأخذ وقتاً طويلاً، وتكون السلوكيات السلبية قوية عند عدم تمكنه من القيام بالسلوك القهري، مما يعيق العملية التعليمية بشكل مستمر

تقييم العوائق

٠ = لا يوجد مشكلة	١= مشكلة عرضية	٢= مشكلة متوسطة	٣= مشكلة دائمة	٤= مشكلة عسيرة

٢٢. فرط الحركة

النتيجة النهائية:

التقييم			
الأول	الثاني	الثالث	الرابع

٠. لا يوجد فرط في الحركة مقارنة مع أقرانه، ويستجيب للمهام بدون مشاكل

١. نادراً ما يعاني من فرط الحركة أو لا ينتبه للمهام، ولا تكون السلوكيات معيقة للعملية التعليمية أو الأنشطة اليومية

٢. يتحرك في البيئة المحيطة غالباً، ويواجه صعوبة في الانتباه للمهام، وتتم إعاقة العملية التعليمية

٣. غالباً ما يصعب السيطرة على سلوك فرط الحركة لدى الطفل، وقد لا ينتظر دوره أو يجلس بهدوء أو ينتبه إلى المهام لأكثر من عدة دقائق، ويحتاج إلى تلقين متواصل

٤. لا يهدأ أبداً ومندفع ويتسلق ويقفز على الأثاث، وقد يتكلم بشكل مفرط، ومن الصعب أن ينخرط بأي نشاط أكاديمي أو اجتماعي، مما يؤثر على التعلّم

٢٣. عدم التواصل البصري أو الانتباه للآخرين

النتيجة النهائية:

التقييم			
الأول	الثاني	الثالث	الرابع

٠. يتواصل بصرياً وينتبه للآخرين بما يتناسب مع عمره

١. يلاحظ البالغون اختلاف تواصله البصري عن غيره من الأطفال

٢. لا يتواصل بصرياً بشكل متكرر، أو لا ينتبه لوجوه الآخرين كغيره من الأطفال

٣. لا يتواصل بصرياً عندما يَطلُب، ومن الصعب التواصل معه بصرياً، وغالباً ما ينظر بعيداً عند التكلم مع الآخرين، وينتبه للأشياء أكثر من انتباهه للأشخاص

٤. لا يتواصل بصرياً أبداً، ويتجاهل الناس، ولكنه قد يملك مهارات لفظية

٢٤. فرط الإحساس

النتيجة النهائية:

التقييم			
الأول	الثاني	الثالث	الرابع

٠. لا توجد مشاكل تتعلق بالمثيرات الحسية

١. يلاحظ البالغون أن حساسية الطفل تجاه العديد من المثيرات الحسيّة تختلف عن غيره من الأطفال

٢. قد تؤثر بعض المثيرات الحسيّة على الطفل، ولكن الحساسية بسيطة ولا تؤثر بالعادة على عملية التعلّم

٣. غالباً ما يتهرب من مثيرات حسيّة معينة، مثل: تغطية أذنيه أو تغطية عينيه أو ظهور علامات انزعاج واضحة

٤. غالباً ما يستجيب للمثيرات الحسيّة بسلوك سلبي مثل نوبات الغضب والعدوانية، ووجود مثيرات حسيّة معينة تعيق الأنشطة التعليمية

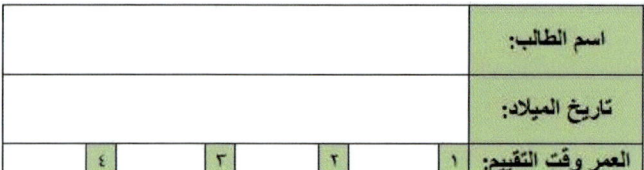

نموذج نتائج تقييم جاهزية الانتقال لبيئة تعليمية أقل تقييدا

اسم الطالب:	
تاريخ الميلاد:	
العمر وقت التقييم:	١ ‏ ٢ ‏ ٣ ‏ ٤

المفتاح:	النتيجة	التاريخ	اللون	المُقيم
أول تقييم:				
ثاني تقييم:				
ثالث تقييم:				
رابع تقييم:				

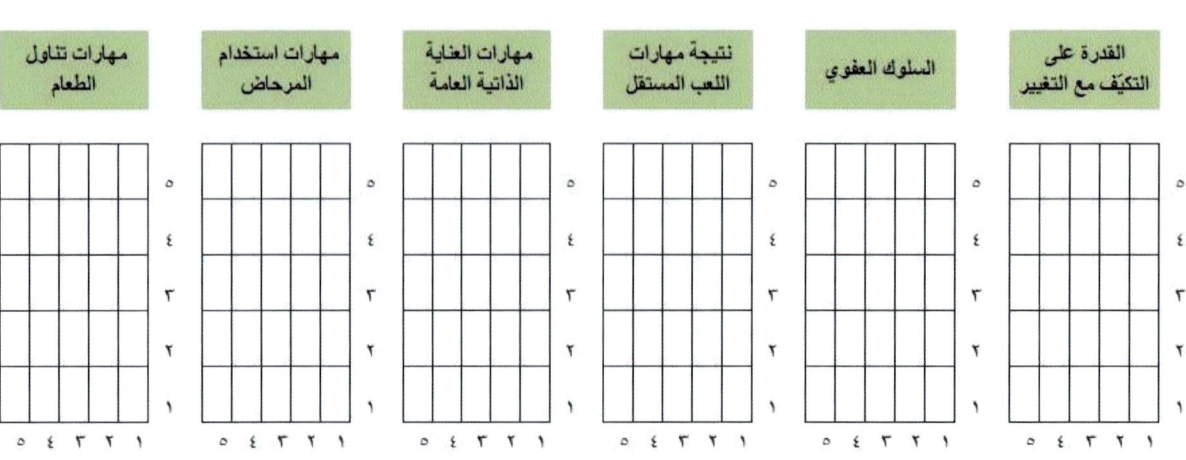

النتيجة الكليّة لتقييم المعالم

النتيجة الكليّة لتقييم العوائق

السلوكيات السلبية، وسيطرة التعليمات

المهارات الجماعية والروتين الصفي

السلوك الاجتماعي واللعب الاجتماعي

العمل باستقلالية

تعميم المهارات

تنوّع المعززات

سرعة اكتساب المهارات الجديدة

الاحتفاظ بالمهارات المكتسبة

التعلّم في البيئة الطبيعية

الانتقال لإجراءات لفظية جديدة

القدرة على التكيّف مع التغيير

السلوك العفوي

نتيجة مهارات اللعب المستقل

مهارات العناية الذاتية العامة

مهارات استخدام المرحاض

مهارات تناول الطعام

تقييم جاهزية الانتقال لبيئة تعليمية أقل تقييدا

قم بتقييم الطفل على مقياس من ١ إلى ٥ لكل بند

١. النتيجة الكليّة لتقييم المعالم

النتيجة النهائية:

التقييم			
الأول	الثاني	الثالث	الرابع

١.	تكون النتيجة الكلية من ٠ إلى ٢٥ على تقييم المعالم
٢.	تكون النتيجة الكلية من ٢٦ إلى ٥٠ على تقييم المعالم
٣.	تكون النتيجة الكلية من ٥١ إلى ١٠٠ على تقييم المعالم
٤.	تكون النتيجة الكلية من ١٠١ إلى ١٣٥ على تقييم المعالم
٥.	تكون النتيجة الكلية من ١٣٦ إلى ١٧٠ على تقييم المعالم

٢. النتيجة الكليّة لتقييم العوائق

النتيجة النهائية:

التقييم			
الأول	الثاني	الثالث	الرابع

١.	تكون النتيجة الكلية من ٥٦ إلى ٩٦ على تقييم العوائق
٢.	تكون النتيجة الكلية من ٣١ إلى ٥٥ على تقييم العوائق
٣.	تكون النتيجة الكلية من ٢١ إلى ٣٠ على تقييم العوائق
٤.	تكون النتيجة الكلية من ١١ إلى ٢٠ على تقييم العوائق
٥.	تكون النتيجة الكلية من ٠ إلى ١٠ على تقييم العوائق

٣. نتائج كل من السلوكيات السلبية، وسيطرة التعليمات على الاستجابة في تقييم العوائق

النتيجة النهائية:

التقييم			
الأول	الثاني	الثالث	الرابع

١.	تكون النتيجة من ٦ إلى ٧ للسلوك السلبي وسيطرة التعليمات على الاستجابة في تقييم العوائق
٢.	تكون النتيجة ٥ للسلوك السلبي وسيطرة التعليمات على الاستجابة في تقييم العوائق
٣.	تكون النتيجة من ٣ إلى ٤ للسلوك السلبي وسيطرة التعليمات على الاستجابة في تقييم العوائق
٤.	تكون النتيجة ٢ للسلوك السلبي وسيطرة التعليمات على الاستجابة في تقييم العوائق
٥.	لا يعاني الطفل من أية مشاكل سلوكية، حيث تكون نتيجته من ٠ إلى ١ في تقييم العوائق

٤. نتائج المهارات الجماعية والروتين الصفي في تقييم المعالم

النتيجة النهائية:

التقييم			
الأول	الثاني	الثالث	الرابع

١.	تكون النتيجة ٢ في المهارات الجماعية والروتين الصفي في تقييم المعالم
٢.	تكون النتيجة من ٣ إلى ٤ في المهارات الجماعية والروتين الصفي في تقييم المعالم
٣.	تكون النتيجة من ٥ إلى ٧ في المهارات الجماعية والروتين الصفي في تقييم المعالم
٤.	تكون النتيجة من ٨ إلى ٩ في المهارات الجماعية والروتين الصفي في تقييم المعالم
٥.	تكون النتيجة ١٠ في المهارات الجماعية والروتين الصفي في تقييم المعالم

تقييم جاهزية الانتقال لبيئة تعليمية أقل تقييدا

قم بتقييم الطفل على مقياس من ١ إلى ٥ لكل بند

٥. نتائج السلوك الاجتماعي واللعب الاجتماعي في تقييم المعالم

النتيجة النهائية:

التقييم			
الأول	الثاني	الثالث	الرابع

١.	تكون النتيجة من ٢ إلى ٣ في السلوك الاجتماعي واللعب الاجتماعي في تقييم المعالم
٢.	تكون النتيجة من ٤ إلى ٥ في السلوك الاجتماعي واللعب الاجتماعي في تقييم المعالم
٣.	تكون النتيجة من ٦ إلى ٩ في السلوك الاجتماعي واللعب الاجتماعي في تقييم المعالم
٤.	تكون النتيجة من ١٠ إلى ١٢ في السلوك الاجتماعي واللعب الاجتماعي في تقييم المعالم
٥.	تكون النتيجة من ١٣ إلى ١٥ في السلوك الاجتماعي واللعب الاجتماعي في تقييم المعالم

٦. العمل باستقلالية في المهام الأكاديمية

النتيجة النهائية:

التقييم			
الأول	الثاني	الثالث	الرابع

١.	يعمل بدون مساعدة في المهام الأكاديمية لما لا يقل عن ٣٠ ثانية، بما لا يزيد عن تلقين واحد
٢.	يعمل بدون مساعدة في المهام الأكاديمية لما لا يقل عن دقيقة واحدة، بما لا يزيد عن تلقين واحد
٣.	يعمل بدون مساعدة في المهام الأكاديمية لما لا يقل عن دقيقتين، ولا يحتاج تلقين للاستمرار في المهمة
٤.	يعمل بدون مساعدة في المهام الأكاديمية لما لا يقل عن ٥ دقائق، ولا يحتاج تلقين للاستمرار في المهمة
٥.	يعمل بدون مساعدة في المهام الأكاديمية لما لا يقل عن ١٠ دقائق، ولا يحتاج تلقين للاستمرار في المهمة

٧. تعميم المهارات عبر: الوقت، والبيئة، والسلوك، والمواد، والأشخاص

النتيجة النهائية:

التقييم			
الأول	الثاني	الثالث	الرابع

١.	يعمّم بعض المهارات الجديدة مع أشخاص مختلفين وعبر الوقت، ولكن لا يعمّم بسهولة عبر المواد
٢.	يعمّم عبر المواد الجديدة، لكن فقط بعد تدريب مكثف على التعميم (العديد من الأمثلة)
٣.	يبدي تعميماً عفوياً عبر المثيرات (المواد) في البيئة الطبيعية، في ١٠ مناسبات
٤.	يعمّم السلوك في البيئة الطبيعية في ١٠ مناسبات
٥.	يعمّم عبر المثيرات والسلوك من المحاولة الأولى أو الثانية

٨. تنوّع المعززات

النتيجة النهائية:

التقييم			
الأول	الثاني	الثالث	الرابع

١.	تكون المعززات مستمرة، وتنحصربالمأكولات أو المشروبات أو التواصل البدني (محفزات أولية)
٢.	تكون المعززات ملموسة أو حسية، مثل: الألعاب والأدوات التي تعمل بمبدأ السبب والنتيجة والموسيقى والدمى
٣.	تكون المعززات اجتماعية كالحصول على الاهتمام، وتشمل الأقران كالمشاركة في اللعب، وتتعلق بأماكن محددة (كالمتنزهات والمحلات التجارية)، استخدام المعززاتيقل ولكن ما زال يستخدم بشكل أساسي في التعلّم
٤.	تكون المعززات متقطعة واجتماعية وتلقائية، وتتضمن مجموعة متنوعة من المواد والأنشطة
٥.	تكون المعززات متقطعة واجتماعية ومتنوعة وتتناسب مع الفئة العمرية، وقد تتضمن الحصول على معلومات لفظية، كما أنها تتغير باستمرار

تقييم جاهزية الانتقال لبيئة تعليمية أقل تقييدا

قم بتقييم الطفل على مقياس من ١ إلى ٥ لكل بند

٩. سرعة اكتساب المهارات الجديدة

			التقييم	
	الأول	الثاني	الثالث	الرابع
النتيجة النهائية:				

١.	يحتاج أسبوعين أو أكثر من التدريب بالعادة، ومئات المحاولات لاكتساب المهارات الجديدة
٢.	يحتاج أسبوع واحد على الأقل من جلسات التدريب، ومئة محاولة أو أكثر لاكتساب مهارات جديدة
٣.	يكتسب العديد من المهارات الجديدة المستهدفة في الأسبوع، بأقل من ٥٠ محاولة تدريب للمهارة الواحدة
٤.	يكتسب العديد من المهارات الجديدة المستهدفة في الأسبوع، بأقل من ٢٥ محاولة تدريب للمهارة الواحدة
٥.	يكتسب مهارات جديدة مستهدفة بشكل يومي، بمعدل ٥ محاولات أو أقل للمهارة الواحدة

١٠. الاحتفاظ بالمهارات المكتسبة

			التقييم	
	الأول	الثاني	الثالث	الرابع
النتيجة النهائية:				

١.	يحتفظ بمهارة جديدة لما لا يقل عن ١٠ دقائق بعد الإجابة بشكل صحيح في جلسة التدريب
٢.	يحتفظ بمهارة جديدة لما لا يقل عن ساعة واحدة بعد الإجابة بشكل صحيح في جلسة التدريب
٣.	يحتفظ بمهارة جديدة لمدة ٢٤ ساعة بعد الإجابة بشكل صحيح، مع الحاجة لتقديم ٥ محاولات أو أقل لتثبيت المهارة
٤.	يحتفظ بالمهارات الجديدة المكتسبة لمدة ٢٤ ساعة دون الحاجة إلى محاولات لتثبيت المهارات المكتسبة
٥.	يحتفظ بالمهارات الجديدة المكتسبة لما لا يقل عن أسبوع دون الحاجة إلى محاولات لتثبيت المهارات المكتسبة

١١. التعلّم في البيئة الطبيعية

			التقييم	
	الأول	الثاني	الثالث	الرابع
النتيجة النهائية:				

١.	يكتسب مهارتين حركيتين جديدتين من خلال البيئة الطبيعية دون الحاجة إلى التعليم المكثّف
٢.	يكتسب ٥ طلبات أو تسميات جديدة من خلال البيئة الطبيعية دون الحاجة إلى التعليم المكثّف
٣.	يكتسب ٢٥ طلباً أو تسمية جديدة من خلال البيئة الطبيعية دون الحاجة إلى التعليم المكثّف
٤.	يكتسب ٢٥ رداً مبنياً على السياق من خلال البيئة الطبيعية دون الحاجة إلى التعليم المكثّف
٥.	يكتسب مهارات جديدة بسهولة بشكل يومي، من خلال البيئة الطبيعية أو العمل ضمن مجموعات، دون الحاجة إلى التعليم المكثّف

١٢. الانتقال لإجراءات لفظية جديدة

			التقييم	
	الأول	الثاني	الثالث	الرابع
النتيجة النهائية:				

١.	ينتقل من التكرار إلى الطلب أو التسمية لردين لفظيين، من خلال تجربتي انتقال أو أقل
٢.	ينتقل من التكرار إلى الطلب أو التسمية لخمسة ردود لفظية، دون الحاجة إلى تجارب الانتقال
٣.	ينتقل من التسمية إلى الطلب لعشرة ردود لفظية، دون الحاجة إلى تجارب الانتقال
٤.	ينتقل من التسمية إلى الرد المبني على السياق لعشرة مواضيع أو أحداث، دون الحاجة إلى تدريب
٥.	يظهر القدرة على الانتقال بشكل يومي بين الإجراءات اللفظية والتي تشمل لغة متقدمة ومهارات استماع ومحادثة

تقييم جاهزية الانتقال لبيئة تعليمية أقل تقييدا

قم بتقييم الطفل على مقياس من ١ إلى ٥ لكل بند

١٣. القدرة على التكيّف مع التغيير

النتيجة النهائية:

التقييم			
الأول	الثاني	الثالث	الرابع

١.	يتكيّف مع التغييرات البسيطة من خلال التهيئة اللفظية، ولكن قد يبدي سلوكاً سلبياً
٢.	يتقبل التغييرات البسيطة، وإنما يبدي انزعاجاً ملحوظاً، ويحتاج إلى تهيئة كبيرة للتغيير
٣.	ينزعج ويتذمر من التغيير، وقد يكون ذلك لفترة طويلة، ولكنه يتكيف مع التغيير في نهاية المطاف
٤.	يتكيف مع التغيير بسرعة بدون سلوك سلبي ولكنه قد يبدي انزعاجاً بسيطاً
٥.	يتكيف الطفل مع تغيير الروتين بشكل جيد، ويتجاهل أو يتكيّف مع التغييرات الأخرى

١٤. السلوك العفوي

النتيجة النهائية:

التقييم			
الأول	الثاني	الثالث	الرابع

١.	يصدر بعض السلوكيات عفوياً، ولكن تكون معظم المهارات الاجتماعية واللغة ملقنة
٢.	يصدر العديد من السلوكيات عفوياً، ولكن تكون معظمها سلوكيات غير لفظية
٣.	يطلب ويسمي عدة مرات في اليوم عفوياً وبدون ملقنات لفظية
٤.	يصدر عفويا طلبات وتسميات وردودا مبنية على السياق وسلوكيات لفظية اجتماعية، عدة مرات في اليوم
٥.	يصدر سلوكيّات مناسبة وعفوية في أغلب مجالات تقييم المعالم الستة عشر

١٥. نتيجة مهارات اللعب المستقل في تقييم المعالم

النتيجة النهائية:

التقييم			
الأول	الثاني	الثالث	الرابع

١.	تكون النتيجة ٣ نقاط في اللعب المستقل في تقييم المعالم
٢.	تكون النتيجة ٥ نقاط في اللعب المستقل في تقييم المعالم
٣.	تكون النتيجة ٨ نقاط في اللعب المستقل في تقييم المعالم
٤.	تكون النتيجة ١١ نقطة في اللعب المستقل في تقييم المعالم
٥.	تكون النتيجة ١٤ نقطة في اللعب المستقل في تقييم المعالم

١٦. مهارات العناية الذاتية العامة

النتيجة النهائية:

التقييم			
الأول	الثاني	الثالث	الرابع

١.	غير قادر على مساعدة نفسه، ولكنه لا يبدي سلوكاً سلبياً عند تقديم العناية له من قبل البالغين
٢.	يحتاج إلى التلقين اللفظي أو البدني لإتمام أغلب مهام العناية الذاتية
٣.	يحتاج إلى التلقين اللفظي، ولكنه يحاول أن ينفذ عدة مهام عناية ذاتية بشكل تقريبي
٤.	يبادر ببعض مهام العناية الذاتية ويحاول تنفيذها بشكل تقريبي، ولكنه ما زال بحاجة إلى التلقين اللفظي
٥.	يبدي دافعية ويبادر بتنفيذ بعض مهام العناية الذاتية بشكل تقريبي ويعمّم، ولكنه قد يحتاج إلى تلقين لفظي

تقييم جاهزية الانتقال لبيئة تعليمية أقل تقييدا

قم بتقييم الطفل على مقياس من ١ إلى ٥ لكل بند

١٧. مهارات استخدام المرحاض

النتيجة النهائية:

التقييم			
الأول	الثاني	الثالث	الرابع

١.	ما زال يرتدي الحفاظ ولكنه يبدي استعداده للبدء بالتدريب على استخدام المرحاض، مثل: بقاء حفاظه ناشفاً لفترات من الوقت، وجلوسه بهدوء لمدة دقيقتين على المرحاض
٢.	ابتداء التدريب على استخدام المرحاض، وغالباً ما يقوم بالتبول عند جلوسه على المرحاض، ولكنه مازال يرتدي الحفاظ
٣.	يسيطر على التبول خلال النهار، ويستخدم الحفاظ القابل للرفع (pull ups)، يبول على نفسه أحياناً، ويحتاج إلى التلقين والمساعدة لإتمام روتين استخدام المرحاض
٤.	يسيطر على التبول والبراز، ولكنه بحاجة إلى التلقين والمساعدة لإتمام روتين استخدام المرحاض
٥.	يبادر أو يطلب استخدام المرحاض، ويكمل جميع الخطوات الروتينية لاستخدام المرحاض بشكل مستقل

١٨. مهارات تناول الطعام

النتيجة النهائية:

التقييم			
الأول	الثاني	الثالث	الرابع

١.	يبدي بعض المحاولات لتناول الطعام بشكل مستقل، ولكنه بحاجة للكثير من التلقين البدني، وغالباً ما يكون فوضوي في تناول الطعام
٢.	يتناول الأطعمة التي تمسك باليد بدون مساعدة عند عرضها أمامه، ويحتاج إلى تلقين لفظي ومساعدة بالتنظيف بعد الأكل
٣.	يخرج الطعام من حقيبة الطعام الخاصة به، ويتناول الطعام الذي يمسكه باليد بشكل مستقل، ولكنه بحاجة إلى التلقين اللفظي للاستمرار بتناول الطعام
٤.	يستخدم الملعقة بدون مساعدة، ويتناول الطعام دون تلقين، ولا يخلّف فوضى كبيرة عند تناول الطعام، ولكنه بحاجة إلى التلقين للتنظيف
٥.	يحصل على الطعام لوحده، ويأكل ويستخدم الأواني، وينظف بعد الانتهاء من الأكل بشكل مستقل أو مع تلقين لفظي واحد

نموذج تحليل المهام وتتبع المهارات الداعمة لبرنامج السلوك اللفظي: المستوى الأول

اسم الطالب:								
تاريخ الميلاد:								
العمر وقت التقييم:	١		٢		٣		٤	

المفتاح:	النتيجة	التاريخ	اللون	المُقيم
أول تقييم:				
ثاني تقييم:				
ثالث تقييم:				
رابع تقييم:				

الطلب	التسمية	استجابة المستمع	الإدراك البصري	لعب مستقل	لعب اجتماعي	التقليد	التكرار	السلوك الصوتي
٥-م ٥-هـ ٥-د ٥-ج ٥-ب ٥-أ	٥-م ٥-ج ٥-ب ٥-أ	٥-م ٥-هـ ٥-د ٥-ج ٥-ب ٥-أ	٥-م ٥-هـ ٥-د ٥-ج ٥-ب ٥-أ	٥-م ٥-هـ ٥-د ٥-ج ٥-ب ٥-أ	٥-م ٥-ج ٥-ب ٥-أ	٥-م ٥-د ٥-ج ٥-ب ٥-أ	٥-م	٥-م
٤-م ٤-هـ ٤-د ٤-ج ٤-ب ٤-أ	٤-م ٤-ب ٤-أ	٤-م ٤-و ٤-هـ ٤-د ٤-ج ٤-ب ٤-أ	٤-م ٤-ب ٤-أ	٤-م ٤-هـ ٤-د ٤-ج ٤-ب ٤-أ	٤-م ٤-د ٤-ج ٤-ب ٤-أ	٤-م ٤-د ٤-ج ٤-ب ٤-أ	٤-م	٤-م
٣-م ٣-د ٣-ج ٣-ب ٣-أ	٣-م ٣-ب ٣-أ	٣-م ٣-و ٣-هـ ٣-د ٣-ج ٣-ب ٣-أ	٣-م ٣-ب ٣-أ	٣-م ٣-هـ ٣-د ٣-ج ٣-ب ٣-أ	٣-م ٣-ج ٣-ب ٣-أ	٣-م ٣-د ٣-ج ٣-ب ٣-أ	٣-م	٣-م
٢-م ٢-هـ ٢-د ٢-ج ٢-ب ٢-أ	٢-م	٢-م ٢-أ	٢-م ٢-ج ٢-ب ٢-أ	٢-م ٢-هـ ٢-د ٢-ج ٢-ب ٢-أ	٢-م ٢-ج ٢-ب ٢-أ	٢-م ٢-ج ٢-ب ٢-أ	٢-م	٢-م
١-م ١-د ١-ج ١-ب ١-أ	١-م ١-أ	١-م ١-أ	١-م ١-ب ١-أ	١-م ١-د ١-ج ١-ب ١-أ	١-م ١-ج ١-ب ١-أ	١-م ١-ب ١-أ	١-م	١-م

تحليل المهام وتتبع المهارات: المستوى الأول (٠-١٨ شهراً)

أسلوب التقييم: الاختبار المباشر(إ) المراقبة (م) اختبار أو مراقبة (إ، م) المراقبة الموقوتة (م م)

المهارة	الطلب – المستوى الأول	تحقق
١ – أ	يتواصل بصرياً (أو ينقل نظره) كطلب للانتباه أو لطلب معزّزات أخرى مرتين (م)	
١ – ب	يقترب مرتين من غرض معزز مظهراً دافعية للحصول على الغرض (م)	
١ – ج	يسحب شخص بالغ للوصول إلى غرض معزز مرتين (م)	
١ – د	يشير بأصبعه، أو يعبر بإيماءة ما باتجاه غرض معزز للحصول عليه، مرتين (م)	
١ – م	**يستخدم كلمتين أو إشارتين أو أيقونتين، مثل: رقائق أو كتاب، وقد يحتاج إلى تلقين تكرار لفظي أو تقليدي أو أي نوع آخر من التلقين، باستثناء التلقين البدني (إ، م)**	
٢ – أ	يشير إلى معززين مختلفين للحصول عليهما مرتين (إ، م)	
٢ – ب	يومئ برأسه أو يقول "نعم" أو "لا" عند تقديم معزز له مرتين (ليس هدف مبكر) (إ، م)	
٢ – ج	يصدر طلبين مختلفين بدون تلقين تكرار لفظي، لكن من الممكن أن يكون هناك تلقين لفظي أو تلقين بوجود الغرض (إ، م)	
٢ – د	يصدر طلباً عفوياً بدون تلقين تكرار لفظي أو تلقين تقليدي، لكن من الممكن أن يكون هناك تلقين بوجود الغرض (م)	
٢ – ه	يعمّم طلبين معروفين عبر شخصين مختلفين وبيئتين (إ، م)	
٢ - م	**يصدر عنه أربعة طلبات بدون تلقين، باستثناء سؤاله: "ماذا تريد؟"، وقد يكون الغرض المرغوب موجودًا، مثل: الموسيقى، الكرة (إ)**	
٣ – أ	يصدر عفوياً طلبين بدون تلقين لفظي، لكن قد يكون الغرض المرغوب موجوداً (م)	
٣ – ب	يصدر ٥ طلبات بدون تلقين تكرارلفظي أو تلقين تقليدي لكن من الممكن أن يكون هناك تلقين لفظي أو تلقين بوجود الغرض (م)	
٣ – ج	يعمّم ٣ طلبات عبر مثالين للغرض المرغوب به، مثلا: يطلب التزحلق على زحلوقتين مختلفتين (إ، م)	
٣ – د	يصدر ٦ طلبات مختلفة بدون تلقين تكرار لفظي أو تلقين تقليدي لكن من الممكن أن يكون هناك تلقين لفظي أو تلقين بوجود الغرض (إ، م)	
٣ – م	**يعمّم ستة طلبات عبر شخصين وبيئتين ومثالين مختلفين للمعزّز، مثل: طلب الفقاعات من الأب والأم، في المنزل وخارجه، سواء كان موجودًا في زجاجة حمراء أو زرقاء (إ، م)**	
٤ – أ	يطلب الانتباه مرتين بطرق متعارف عيها، مثلا: يربت على الكتف (م)	
٤ – ب	يصدر طلبين بدون وجود الأغراض المراد طلبها لكن الممكن أن يكون مع سؤاله: "ماذا تريد؟" (م)	
٤ – ج	يصدر طلبين بدون تلقين لفظي، لكن قد يكون مع تلقين بوجود الغرض (م)	
٤ – د	يطلب من الآخرين أن ينتبهوا لنفس المثيرات التي تثير انتباهه ٥ مرات في اليوم (م)	
٤ – ه	يصدر طلباً لازالة غرض أو نشاط غير مرغوب به، مثل قوله: "لا" (إ، م)	
٤ – م	**يطلب خمسة أغراض مختلفة عفويًا بدون أي تلقين لفظي، وقد تكون الأغراض المراد طلبها موجودة من حوله (م م: ٦٠ دقيقة)**	

تحليل المهام وتتبع المهارات: المستوى الأول (٠-١٨ شهراً)

أسلوب التقييم: الاختبار المباشر(إ) المراقبة (م) اختبار أو مراقبة (إ، م) المراقبة الموقوتة (م م)

المهارة	الطلب – المستوى الأول (تابع)	تحقق
٥ – أ	يصدر ٣ طلبات مختلفة بدون وجود الأغراض، وقد يكون مع التلقين اللفظي مثل تلقينه: "ماما" (إ، م)	
٥ – ب	يصدر ٣ طلبات مختلفة بدون التلقين اللفظي، وقد يكون مع وجود الغرض (إ، م)	
٥ – ج	يطلب مع التنويع بنغمة الصوت وبما يتوافق مع الدافعية مرتين (م)	
٥ – د	يكتسب طلب جديد بأقل من ٢٠ تجربة تدريب (إ)	
٥ – ه	يستمر ويلح في الطلب إن لم يحصل على المعزز في مناسبتين (إ، م)	
٥ – م	**يطلب عشرة أغراض مختلفة مثل: تفاحة، أرجوحة، سيارة، عصير، وذلك بدون تلقين باستثناء سؤاله: "ماذا تريد؟"، وقد يكون الغرض المرغوب موجوداً (إ، م)**	

المهارة	التسمية – المستوى الأول	تحقق
١ – أ	يسمي شخصا مألوفا أو حيوانا أليفا أو غرضا ما بوجود دافعية، ومع التلقين اللفظي مثل تلقينه: "ماما" (إ، م)	
١ – م	**يسمي غرضين، مثل: الأشخاص، والحيوانات الأليفة، والأغراض المفضّلة، مع تلقين تقليدي أو تلقين تكرار لفظي (إ)**	
٢ – م	**يسمي أربعة أغراض مثل الأشخاص، الحيوانات الأليفة، الشخصيات، أغراض أخرى، بدون تلقينٍ تقليديٍ أو تلقين تكرارٍ لفظيّ (إ)**	
٣ – أ	يعمّم التسميات المكتسبة عبر شخصين وبيئتين، مثلا: عند رؤية القطة يسمي "قطة" للأم وللأب، ويسمي "بابا" عندما يكون في غرفة النوم وفي المطبخ (إ، م)	
٣ – ب	يعمّم التسميات عبر مثالين للغرض الواحد، ولغرضين، مثلاً: يسمي "هاتف" عند رؤية هاتفين مختلفين (إ)	
٣ – م	**يسمي ستة أغراض غير معزّزة، مثل: حذاء، قبعة، ملعقة، سيارة، كأس، سرير (إ)**	
٤ – أ	ينظر إلى صور عائلته ويسمي فردين من العائلة مع تلقين لفظي (إ)	
٤ – ب	يسمي صورتين من كتاب أو بطاقة مصورة (ثنائية الأبعاد)، مثل: "بطة"، "كرة" (إ)	
٤ – م	**يسمي غرضين مختلفين عفوياً بدون تلقين لفظي (م م: ٦٠ دقيقة)**	
٥ – أ	يسمي ٥ صور (ثنائية الأبعاد) (إ)	
٥ – ب	يحافظ على مهارة مستمع جديدة بعد ٢٤ ساعة، بدون تدريب (إ)	
٥ – ج	يعمّم التسميات عبر ٣ أمثلة للغرض المسمى، وذلك لـ٥ أغراض مختلفة، مثلاً: يسمي "ملعقة" لثلاثة أنواع من الملاعق (إ)	
٥ – م	**يسمي عشرة أغراض، مثل: الأغراض المألوفة، الأشخاص، أجزاء الجسم، أو الصور (إ)**	

تحليل المهام وتتبع المهارات: المستوى الأول (٠-١٨ شهراً)

أسلوب التقييم: الاختبار المباشر(إ) المراقبة (م) اختبار أو مراقبة (إ، م) المراقبة الموقوتة (م م)

المهارة	استجابة المستمع – المستوى الأول	تحقق
١ – أ	يحرك رأسه باتجاه مصدر الصوت، مثل: جرس، لعبة تصدر الأصوات، رنين الهاتف النقال (م)	
١ – م	**ينتبه إلى صوت المتكلّم من خلال التواصل البصري مع المتكلم خمس مرات (م م: ٣٠ دقيقة)**	
٢ – أ	يبتسم عند سماع صوت الشخص الذي يعتني به مرتين (م)	
٢ - م	**يستجيب عند سماع اسمه خمس مرات، مثلا: ينظر إلى المتكلم (إ)**	
٣ – أ	يتوقف عن اللعب عند سماع اسمه (إ، م)	
٣ – ب	يستجيب عند سماعه لأيّ من: لا، ساخن، توقف، أو أية أوامر أخرى (وفقاً للسياق) (م)	
٣ – ج	ينتبه لغرض أو صورة ما عند سماع تسميتها (بدون تمييز) ٥ مرات (م)	
٣ – د	يستجيب لتعليمتين لفظيتين بسيطتين في سياق ما (التعليمة مكونة من جزء واحد)، مثل: "اجلس"، عندما يكون قريب من كرسي (إ، م)	
٣ – ه	التمييز بين فردين من العائلة و/أو الحيوانات الأليفة عند سماع تسميتها، مثل: "أين البابا؟" (إ، م)	
٣ – و	يميّز بين غرضين عند تقديمهما بمستوى نظر الطفل، مثلاً: ينظر إلى أو يلمس أو يشير لكرة عند عرض عليه كرة وحذاء، وسؤاله: "المس الكرة" (إ)	
٣ – م	**ينظر إلى أو يلمس أو يؤشّر على أفراد العائلة أو الحيوانات الأليفة أو المعززات الأخرى، وذلك عند عرضها في مجموعة مكونة من غرضين، مثل سؤاله: "أين الدبدوب؟"، "أين ماما؟"، وذلك لـ ٥ معززات مختلفة (إ،م)**	
٤ – أ	يختار الغرض الصحيح المعروض ضمن مجموعة مكونة من غرضين، وذلك لعشرة أغراض أو صور مختلفة (إ)	
٤ – ب	يستمر بالتواصل البصري مع المتكلم لمدة ثانيتين (م)	
٤ – ج	يلمس اثنين من أجزاء جسمه عند الطلب منه ذلك، مثل سؤاله: "المس أنفك"،"أين أذنيك؟" (إ)	
٤ – د	يؤدي حركتين عند الطلب منه ذلك، مثل سؤاله: "أرني كيف نصفّق؟"، "هل تستطيع الدوران؟" (إ)	
٤ – ه	يختار الغرض الصحيح المعروض ضمن مجموعة مكونة من ٣ أغراض عند سماع إسم الغرض، وذلك لعشرة أغراض مختلفة، مثل: كلب، قبعة، كتاب (إ)	
٤ – و	يعمّم مستخدما مهارة تمييز المستمع عبر مثالين لخمسة أشياء مختلفة، مثلاً: يستطيع التعرّف على كلبين مختلفين، كوبين مختلفين، كرتين مختلفتين (إ)	
٤ – م	**يؤدي أربعة أفعال حركيّة عند الطلب منه،مثل سؤاله: "هل تستطيع القفز؟"، "أرني كيف تصفّق"، وبدون تلقين بصري (إ)**	
٥ – أ	يتعرّف على ٥ أغراض خلال ١٠ ثوانٍ (اختبار الطلاقة) (إ)	
٥ – ب	يؤدي ٦ أفعال حركية عند الطلب منه ذلك، وبدون تلقين بصري (إ)	
٥ – ج	يحافظ على مهارة مستمع جديدة بعد ٢٤ ساعة وبدون تدريب (إ)	
٥ – د	يصدر عفوياً استجابات المستمع (بدون تلقين مباشر للاستجابة) مرتين (م)	

تحليل المهام وتتبع المهارات: المستوى الأول (٠-١٨ شهراً)

أسلوب التقييم: الاختبار المباشر(إ) المراقبة (م) اختبار أو مراقبة (إ، م) المراقبة الموقوتة (م م)

المهارة	استجابة المستمع – المستوى الأول (تابع)	تحقق
٥ – ه	يعمّم مهام مستمع مكتسبة عبر ٣ أشخاص و٣ بيئات و٣ أوقات في اليوم (إ)	
٥ – م	**يختار الغرض الصحيح المعروض ضمن ٤ أغراض وذلك لعشرين غرضًا (قد يكون مجسم أو صورة)، مثل سؤاله: "أرني قطة"، "المس الحذاء" (إ)**	

المهارة	الإدراك البصري والمطابقة مع نموذج – المستوى الأول	تحقق
١ – أ	ينتبه بصرياً للوجوه والأشخاص ٥ مرات (م)	
١ – ب	ينتبه بصرياً للأغراض المعزّزة ٥ مرات (م)	
١ – م	**يتتبّع بصريًّا المثيرات المتحركة لمدة ثانيتين، خمس مرات (م م: ٣٠ دقيقة)**	
٢ – أ	يبسط ذراعه ويمسك بالأغراض ٥ مرات (إ، م)	
٢ – ب	يستخدم السبابة للكز الأشياء أو لاستعمالات أخرى ٥ مرات (م)	
٢ – ج	يقلّب بيده متلاعبًا بالأغراض والألعاب لمدة ١٠ ثوانٍ، ٥ مرات (م)	
٢ - م	**يمسك الأغراض الصغيرة باستخدام الإبهام والسبابة، خمس مرات (م)**	
٣ – أ	ينقل الأشياء من يد لأخرى ٥ مرات (م)	
٣ – ب	يبحث عن شيء لم يعد في مجال بصره ٥ مرات (م)	
٣ – م	**ينتبه بصريًا إلى لعبة أو كتاب ما، لمدة ٣٠ ثانية (ليس كاستثارةٍ ذاتيةٍ) (م)**	
٤ – أ	يقلب العبوات ليخرج ما بداخلها، أو يسحب الأغراض من داخل الخزانة ٥ مرات (م)	
٤ – ب	يدفع و/أو يسحب الأغراض ٥ مرات (م)	
٤ – م	**يؤدي اثنين من أنشطة اللعب التالية أو ما يماثلها: يضع ٣ أغراض في عبوة، يضع ٣ مكعبات فوق بعضها البعض، يدخل ٣ حلقات في عمودٍ أسطواني (إ، م)**	
٥ – أ	ينتبه بصرياً للألعاب أو الكتب لمدة دقيقة واحدة، مرتين (م)	
٥ – ب	يستخدم ملعقة بنجاح ٥ مرات خلال الوجبة الواحدة (م)	
٥ – ج	يكمل الأحاجي (ذات القطع الفردية واللوح المفرّغ) المكونة من ٣ قطع بدون تلقين بدني (إ، م)	
٥ – د	يحاول الخربشة مستخدماً أية أداة كتابة (م)	
٥ – ه	يضع غرضين متشابهين معاً مرتين، مثلاً: يختار لعبة مطابقة (م)	
٥ – م	**يطابق ١٠ أغراض متماثلة، مثل: الأحاجي، الألعاب، الأغراض، أو الصور (إ، م)**	

تحليل المهام وتتبع المهارات: المستوى الأول (٠-١٨ شهراً)

أسلوب التقييم: الاختبار المباشر(إ) المراقبة (م) اختبار أو مراقبة (إ، م) المراقبة الموقوتة (م م)

المهارة	اللعب المستقل – المستوى الأول	تحقق
١ – أ	لديه غرض مفضّل يشعره بالراحة، قد ينام برفقته أو يحمله، مثل: دمية أو بطّانية (م)	
١ – ب	يحاول أن يمسك بالأغراض التي تثير اهتمامه، مثل: المفاتيح، فنجان، كرة (م)	
١ – ج	ينقل الأغراض من يد لأخرى (م)	
١ – د	ينظر إلى لعبة عندما يقوم أحد البالغين بأخذها (م)	
١ – م	**يلعب ويستكشف الأغراض لمدة دقيقة واحدة، مثلًا: ينظر إلى لعبةٍ ما، ويقلبها ويضغط على أزرارها (م م: ٣٠ دقيقة)**	
٢ – أ	يشير إلى لعبة أو غرض ما يثير اهتمامه (م)	
٢ – ب	يرمي الأغراض لرؤيتها تسقط، أو يبدي اهتمامات أخرى مرتبطة بمبدأ السبب والنتيجة (م)	
٢ – ج	يفتح أبواب الخزائن وعلب تخزين الألعاب، أو يدخل يده في عبوة ليلتقط الألعاب من داخلها (م)	
٢ – د	يكرّر سلوك لعب ينتج عنه صوت ما، مثلا: يضغط على الألعاب لتصدر الأصوات، يضرب الأشياء مع بعضها البعض (م)	
٢ – ه	يتواصل بصرياً مع الآخرين ٣ مرات خلال اللعب (م م: ٣٠ دقيقة)	
٢ - م	**ينوّع في اللعب من خلال التفاعل مع ٥ أغراض مختلفة، مثل: اللعب بالحلقات، ثم اللعب بكرة، ثم اللعب بمكعبات (م م: ٣٠ دقيقة)**	
٣ – أ	يقوم بإعطاء لعبة أو غرض ما يثير اهتمامه لشخص بالغ (م)	
٣ – ب	يفرّغ العبوات الممتلئة على الأرض (م)	
٣ – ج	ينقل الأغراض داخل أو خارج العبوات (م)	
٣ – د	يعمّم سلوكيات اللعب المعروفة لديه في بيئة جديدة (م)	
٣ – ه	يحمل الألعاب أو الأغراض من مكان إلى مكان آخر(م)	
٣ – م	**يظهر التعميمات من خلال الحركات الاستكشافية واللعب بالألعاب في بيئة جديدة، مثل:اللعب داخل غرفة ألعاب جديدة، ولمدة دقيقتين (م م: ٣٠ دقيقة)**	
٤ – أ	يدخل إلى بيت الألعاب أو مجسم صغير يشبه الخيمة بدون تلقين لفظي (م)	
٤ – ب	يتعلم اللعب بلعبة ما بعد مشاهدة شخص بالغ يلعب بها، مثل: اللعبة التي تصدر حركة عند الضغط على أزرارها (م)	
٤ – ج	يطلب مساعدة أحد الأشخاص البالغين بعمل شيء ما، مثلاً: يقوم الطفل برفع غرض لا يستطيع فتحه أمام البالغ (م)	
٤ – د	يبدأ بالرقص عفوياً عند سماعه الموسيقى (م)	
٤ – ه	يستمتع عند جرّه أو دفعه في عربة أو درّاجة أو أية لعبة مشابهة (م)	
٤ – م	**يلعب حركيًّا بشكلٍ مستقلٍ، مثل: التأرجح، الرقص، الاهتزاز، ولقفز، التسلق، لمدة دقيقتين (م م: ٣٠ دقيقة)**	

تحليل المهام وتتبع المهارات: المستوى الأول (٠-١٨ شهراً)

أسلوب التقييم: الاختبار المباشر(!) المراقبة (م) اختبار أو مراقبة (إ، م) المراقبة الموقوتة (م م)

المهارة	اللعب المستقل – المستوى الأول (تابع)	تحقق
٥ – أ	يفرّق الأجزاء من مجموعة ما عن بعضها البعض، مثل: مكعبات الليغو (م)	
٥ – ب	يسحب ويدفع الأغراض من حوله بعفوية (م)	
٥ – ج	يحمل لعبة كبيرة ويضعها في موقع جديد (م)	
٥ – د	يصدر الأصوات والكلمات المتعلقة بالألعاب، مثل قوله: "فروم فروم" أثناء لعبه بسيارة (م)	
٥ – ه	يقوم بوصل الأشياء أو وضعها مع بعضها البعض، مثلا: يضع القطار على السكة، أو يبني قطع الليجو مع بعضها البعض (م)	
٥ – م	**يلعب بشكلٍ مستقلٍ بالألعاب التي تعمل بمبدأ السبب والنتيجة، مثل: اللعب بالألعاب التي تصدر حركة عند الضغط عليها، أو الألعاب التي يتم جرها، ولمدة دقيقتين (م م: ٣٠ دقيقة)**	

المهارة	السلوك الاجتماعي واللعب الاجتماعي – المستوى الأول	تحقق
١ – أ	يبتسم عند سماعه أصوات مألوفة مثل: صوت أمّه، ٣ مرات (م م: ٦٠ دقيقة)	
١ – ب	ينظر إلى وجوه الاشخاص المألوفة ٣ مرات على الأقل (م م: ٦٠ دقيقة)	
١ – ج	يتواصل بصرياً أو ينتقل بنظره باتجاه الأشخاص المألوفين ٥ مرات (م م: ٣٠ دقيقة)	
١ – م	**يتواصل بصريًّا كنوع من أنواع الطلب، ٥ مرات (م م: ٣٠ دقيقة)**	
٢ – أ	يبتسم أو يضحك خلال اللعب البدني ٥ مرات (إ، م)	
٢ – ب	يشارك ويبتسم خلال اللعب الاجتماعي المتبادل مثل: لعبة "بي عينه" (peek-a-boo) مرتين (!)	
٢ – ج	يحاول جذب انتباه البالغين من خلال النظر بالعين أو إصدار الأصوات أو الايماءات، مثل: الإشارة إلى شيء ما، ٣مرات (م م: ٦٠ دقيقة)	
٢ - م	**يظهر رغبته بأن يتم حمله أو اللعب معه بدنيًّا مثل: التسلق إلى حضن أمه، مرتين (م م: ٦٠ دقيقة)**	
٣ – أ	يأخذ غرضًا يرغبه من شخص بالغ ٣ مرات، مثلا: يأخذ لعبة عند عرضها عليه (!)	
٣ – ب	يتفاعل بشكل إيجابي مرتين عند اقتراب الأطفال الآخرين منه (قد يكون الطفل أحد إخوته) (م)	
٣ – ج	يتجاوب عند الترحيب به من قبل الآخرين بالتواصل البصري معهم لمدة ثانيتين، مرتين (إ، م)	
٣ – م	**يتواصل بصريًّا بشكلٍ عفويٍ مع أطفال آخرين، ٥ مرات (م م: ٣٠ دقيقة)**	
٤ – أ	يقترب من الأطفال الآخرين عند قيام شخص بالغ بتلقينه لعمل ذلك، مرتين (م م: ٣٠ دقيقة)	
٤ – ب	يقف بجانب الأطفال الآخرين في الأنشطة الجماعية، مرتين (م م: ٣٠ دقيقة)	
٤ – ج	يقلّد تلويح "مع السلامة" للآخرين عند قيام شخص بالغ بتلقينه، مرتين (إ، م)	
٤ – د	يجلس بجانب الأطفال الآخرين في لعبة جماعية عند قيام شخص بالغ بتلقينه، مرتين (م)	
٤ – م	**يشارك باللعب الموازي مع أطفال آخرين بشكلٍ عفويٍ، لمدة دقيقتين (م م: ٣٠ دقيقة)**	
٥ – أ	يلحق بطفل آخر عفوياً مرتين (م)	

تحليل المهام وتتبع المهارات: المستوى الأول (٠-١٨ شهراً)

أسلوب التقييم: الاختبار المباشر(إ)   المراقبة (م)   اختبار أو مراقبة (إ، م)   المراقبة الموقوتة (م م)

المهارة	السلوك الاجتماعي واللعب الاجتماعي – المستوى الأول (تابع)	تحقق
٥ – ب	يقلّد سلوك طفل آخر عفوياً مرتين (م)	
٥ – ج	يضحك أو يبتسم عند لعب الآخرين لعبة مضحكة أو مسلّية، مرتين (م)	
٥ – م	**يتبع أقرانه أويقلد حركاتهم عفويًّا مرتين، مثلًا: يتبع الطفل أحد أقرانه في الدخول لبيت الألعاب (م م: ٣٠ دقيقة)**	

المهارة	التقليد الحركي – المستوى الأول	تحقق
١ – أ	يقلّد حركات الفم، مثل: ضم الشفاه، فتح الفم، ٣ مرات (م)	
١ – ب	يقلّد حركة واحدة عندما يطلب منه ذلك (إ)	
١ – م	**يقلّد حركتين كبيرتين، مثل التصفيق ورفع اليدين، عند تلقينه: "أفعل هكذا" (إ)**	
٢ – أ	يقلّد حركتين باستخدام أداة ما، مثل: الخبط بمطرقة، دحرجة كرة (إ)	
٢ – ب	يقلّد عفوياً نشاطين مختلفين ممتعين، مثل: "بي عينه" (peek-a-boo) (م)	
٢ – ج	يتواصل بصرياً أثناء قيامه بالتقليد، ٣ مرات (م م: ٣٠ دقيقة)	
٢ - م	**يقلّد ٤ حركات كبيرة عند تلقينه: "افعل هكذا" (إ)**	
٣ – أ	يقلّد حركتين دقيقتين، مثل: تحريك الأصابع، إغلاق وفتح قبضة اليد (إ)	
٣ – ب	يقلّد عفوياً حركتين كبيرتين قام بعملها شخص آخر، مثل: رفع الذراع للأعلى (م)	
٣ – ج	يقلّد حركة هز الجسم (تحريك الجذع من جنب إلى آخر) (إ)	
٣ – د	يعمّم التقليد المكتسب عبر شخصين، مثلاً: يصفّق مع شخصين جديدين (إ)	
٣ – م	**يقلّد ٨ حركات كبيرة اثنتان منها تتطلب أدوات، مثل: تحريك الألعاب الخشبية التي تصدر أصوات، نقر العصي مع بعضها البعض (إ)**	
٤ – أ	يقلّد الإشارة إلى الآخرين أو إلى الأغراض (إ)	
٤ – ب	يقلّد نقل الأغراض من يد لأخرى (إ)	
٤ – ج	يقلّد ٥ حركات لها ناتج ما، مثل: حركة كبس الأزرار، أو تدوير المقبض في الألعاب التي تخرج من مكانها (إ)	
٤ – د	يقلّد حركتين للرأس، مثل: تحريك الرأس لقول "نعم" و"لا" (إ)	
٤ – م	**يقلّد عفويًّا سلوكيّات الآخرين الحركية، في ٥ مناسبات (م)**	
٥ – أ	يقلّد ٥ حركات دقيقة مختلفة، مثلاً: يضغط على المعجون بالسبابة، يلتقط الأغراض بطرف السبابة والإبهام (إ)	
٥ – ب	يقلّد مع التلقين حركات كبيرة يقوم بعملها أطفال آخرون، مثل: الركض، القفز، مرتين (إ)	
٥ – ج	يقلّد سلوك الآخرين عفوياً، مثل تعبئة الحاويات، مرتين (إ)	
٥ – د	يصدر التعميمات لعشرة حركات تقليدية لثلاثة أشخاص جدد (إ)	
٥ – م	**يقلّد ٢٠ سلوكًا حركيًّا من أي نوع (الحركات الكبيرة والدقيقة وباستخدام الأغراض) (إ)**	

نموذج تحليل المهام وتتبع المهارات الداعمة لبرنامج السلوك اللفظي: المستوى الثاني

اسم الطالب:							
تاريخ الميلاد:							
العمر وقت التقييم:	١		٢		٣		٤

المفتاح:	النتيجة	التاريخ	اللون	المُقيم
أول تقييم:				
ثاني تقييم:				
ثالث تقييم:				
رابع تقييم:				

الطلب	التسمية	استجابة المستمع	الإدراك البصري	لعب مستقل	لعب اجتماعي	التقليد	التكرار	استجابة متعلقة بخصائص	رد مبني على السياق	الروتين الصفي	القواعد
١٠-م ١٠-و ١٠-ه ١٠-د ١٠-ج ١٠-ب ١٠-أ	١٠-م ١٠-ه ١٠-د ١٠-ج ١٠-ب ١٠-أ	١٠-م ١٠-ه ١٠-د ١٠-ج ١٠-ب ١٠-أ	١٠-م ١٠-ه ١٠-د ١٠-ج ١٠-ب ١٠-أ	١٠-م ١٠-و ١٠-ه ١٠-د ١٠-ج ١٠-ب ١٠-أ	١٠-م ١٠-ه ١٠-د ١٠-ج ١٠-ب ١٠-أ	١٠-م ١٠-ه ١٠-د ١٠-ج ١٠-ب ١٠-أ	١٠-م	١٠-م ١٠-ه ١٠-د ١٠-ج ١٠-ب ١٠-أ	١٠-م ١٠-ر ١٠-و ١٠-ه ١٠-د ١٠-ج ١٠-ب ١٠-أ	١٠-م ١٠-ر ١٠-و ١٠-ه ١٠-د ١٠-ج ١٠-ب ١٠-أ	١٠-م ١٠-د ١٠-ج ١٠-ب ١٠-أ
٩-م ٩-و ٩-ه ٩-د ٩-ج ٩-ب ٩-أ	٩-م ٩-ه ٩-د ٩-ج ٩-ب ٩-أ	٩-م ٩-د ٩-ج ٩-ب ٩-أ	٩-م ٩-ه ٩-د ٩-ج ٩-ب ٩-أ	٩-م ٩-د ٩-ج ٩-ب ٩-أ	٩-م ٩-و ٩-ه ٩-د ٩-ج ٩-ب ٩-أ	٩-م ٩-د ٩-ج ٩-ب ٩-أ	٩-م	٩-م ٩-ه ٩-د ٩-ج ٩-ب ٩-أ	٩-م ٩-و ٩-ه ٩-د ٩-ج ٩-ب ٩-أ	٩-م ٩-د ٩-ج ٩-ب ٩-أ	٩-م ٩-ه ٩-د ٩-ج ٩-ب ٩-أ
٨-م ٨-و ٨-ه ٨-د ٩-ج ٨-ب ٨-أ	٨-م ٨-د ٩-ج ٨-ب ٨-أ	٨-م ٨-د ٩-ج ٨-ب ٨-أ	٨-م ٨-ه ٨-د ٩-ج ٨-ب ٨-أ	٨-م ٨-د ٩-ج ٨-ب ٨-أ	٨-م ٨-د ٩-ج ٨-ب ٨-أ	٨-م ٨-ز ٨-و ٨-ه ٨-د ٩-ج ٨-ب ٨-أ	٨-م	٨-م ٨-و ٨-ه ٨-د ٩-ج ٨-ب ٨-أ	٨-م ٨-د ٩-ج ٨-ب ٨-أ	٨-م ٨-د ٩-ج ٨-ب ٨-أ	٨-م ٨-د ٩-ج ٨-ب ٨-أ
٧-م ٧-ز ٧-و ٧-ه ٧-د ٧-ج ٧-ب ٧-أ	٧-م ٧-ه ٧-د ٧-ج ٧-ب ٧-أ	٧-م ٧-د ٧-ج ٧-ب ٧-أ	٧-م ٧-و ٧-ه ٧-د ٧-ج ٧-ب ٧-أ	٧-م ٧-ه ٧-د ٧-ج ٧-ب ٧-أ	٧-م ٧-د ٧-ج ٧-ب ٧-أ	٧-م ٧-ز ٧-و ٧-ه ٧-د ٧-ج ٧-ب ٧-أ	٧-م	٧-م ٧-و ٧-ه ٧-د ٧-ج ٧-ب ٧-أ	٧-م ٧-د ٧-ج ٧-ب ٧-أ	٧-م ٧-ه ٧-د ٧-ج ٧-ب ٧-أ	٧-م ٧-ج ٧-ب ٧-أ
٦-م ٦-ه ٦-د ٦-ج ٦-ب ٦-أ	٦-م ٦-د ٦-ج ٦-ب ٦-أ	٦-م ٦-د ٦-ج ٦-ب ٦-أ	٦-م ٦-ح ٦-ز ٦-و ٦-ه ٦-د ٦-ج ٦-ب ٦-أ	٦-م ٦-ه ٦-د ٦-ج ٦-ب ٦-أ	٦-م ٦-ه ٦-د ٦-ج ٦-ب ٦-أ	٦-م ٦-ه ٦-د ٦-ج ٦-ب ٦-أ	٦-م	٦-م ٦-ج ٦-ب ٦-أ	٦-م ٦-د ٦-ج ٦-ب ٦-أ	٦-م ٦-د ٦-ج ٦-ب ٦-أ	٦-م

تحليل المهام وتتبع المهارات: المستوى الثاني (١٨-٣٠ شهراً)

أسلوب التقييم: الاختبار المباشر(إ) المراقبة (م) اختبار أو مراقبة (إ، م) المراقبة الموقوتة (م م)

المهارة	الطلب – المستوى الثاني	تحقق
٦ – أ	يصدر عفوياً ٥ طلبات دون وجود الغرض أمامه ودون تلقين لفظي (م)	
٦ – ب	يصدر ١٠ طلبات مختلفة بدون تلقين تقليدي أو تلقين تكرار لفظي، ولكن قد يكون الغرض موجودا (إ، م)	
٦ – ج	يطلب ٥ أشياء مفقودة بدون تلقين (ما عدا التلقين اللفظي) (إ، م)	
٦ – د	يعمّم ٤ طلبات عبر أربعة أشخاص مختلفين (إ، م)	
٦ – ه	يحافظ على مهارة طلب غرض ما مفقود، حتى بعد مضي ٢٤ ساعة من رؤيته للغرض (إ، م)	
٦ – م	**يتمكن من طلب ٢٠ غرضًا ناقصًا بدون تلقين باستثناء سؤاله: "ماذا تحتاج؟"، مثلًا: يطلب ورقة عند إعطائه أقلام تلوين (إ، م)**	
٧ – أ	يطلب مرتين باستخدام كلمتين في جملة أو عبارة، مثل: "أريد عصير" (م م: ٦٠ دقيقة)	
٧ – ب	يطلب من الآخرين عمل فعلين مختلفين مثل: "اذهب"، "التف"، وذلك مع تلقين لفظي (إ، م)	
٧ – ج	يصدر طلبين لإزالة الأغراض أو الأنشطة غير المرغوب بها (م)	
٧ – د	يظهر تعميما لطلبين مختلفين، مثلاً: يطلب الشرب إما بقوله "كاسة" أو "ماء"(م)	
٧ – ه	تتخلّل الطلبات نغمات صوتية مختلفة تتناسب مع العمليات المحفزة السلبية والإيجابية، ٥ مرات (م)	
٧ – و	يطلب المساعدة في مناسبتين (م)	
٧ – ز	يصدر طلبات بشكل متكرر (١٥ طلب خلال ٥ دقائق) (م)	
٧ - م	**يتمكن من إصدار ٥ طلبات لأفعال مختلفة ضرورية للاستمتاع بنشاط معين، مثل: "افتح الباب" ليخرج، أو "ادفع" عند وجوده على الأرجوحة (إ، م)**	
٨ – أ	يطلب ٥ مرات باستخدام كلمتين في جملة أو عبارة (م م: ١٢٠ دقيقة)	
٨ – ب	يطلب المعلومات مرتين باستخدام أداة الاستفهام **"ما"**، مثل: "ما هذا؟" (إ، م)	
٨ – ج	يطلب باستخدام الضمائر مرتين، مثل: "قطاري"، "هذا لك" (م)	
٨ – د	يطلب باستخدام ٣ عبارات مختلفة، مثل: "أريد..."، "هذا..... لي"، "هل أستطيع أن..."، "هذا... لي" (م)	
٨ – ه	يطلب باستخدام "نعم" أو "لا" ٤ مرات، مثل: "هل تريد أن تركب؟ نعم" (إ، م)	
٨ – و	يطلب المعلومات مرتين باستخدام أداة الاستفهام **"أين"**، مثل: "أين القطة؟" (إ، م)	
٨ – م	**يتمكن من إصدار ٥ طلبات مختلفة تحتوي على كلمتين أو أكثر (باستثناء كلمة "أريد")، مثل: "امشِ بسرعة"، "دوري أنا"، "اسكب العصير" (م م: ٦٠ دقيقة)**	
٩ – أ	يصدر ٥٠ طلباً عفوياً في اليوم الواحد، وقد تكون بوجود الأغراض إنما بدون تلقين لفظي (م)	
٩ – ب	يصدر طلبين بعد التدريب على التسمية، مثلا: يرى ويتعلم تسمية زرافة حقيقية، وبعدها يطلب أن يعود لرؤية الزرافة (م)	
٩ – ج	يطلب المعلومات ٢٥ مرة باستخدام أي من أدوات الاستفهام (م)	
٩ – د	يطلب باستخدام الصفات ٥ مرات، مثل: شريحة كبيرة، سيارة حمراء (م)	

أسلوب التقييم: الاختبار المباشر(إ) المراقبة (م) اختبار أو مراقبة (إ، م) المراقبة الموقوتة (م م)

المهارة	الطلب – المستوى الثاني (تابع)	تحقق
٩ – ه	يصدر ٥ طلبات خلال ٣٠ ثانية، مثلاً: يطلب خلال لعبة أو نشاط ممتع مثل اللعب بالماء (م م: ٣٠ ثانية)	
٩ – و	يطلب باستخدام جمل من ٣ كلمات مثل: "أعطني هذا الحصان"، ١٠ مرات (م)	
٩ – م	**يتمكن من إصدار ١٥ طلبًا مختلفًا عفويًا، مثل: "هيا نلعب"، "افتح"، "أريد كتابًا" (م م: ٣٠ دقيقة)**	
١٠ – أ	يصدر طلبين جديدين بدون تدريب، يقول مثلاً: "أريد الشوكولاتة الساخنة" (م)	
١٠ – ب	يصدر ردودا معمّمة لطلبين مختلفين، مثلاً أثناء لعبة الركض يطلب بقوله: "أركض ورائي"، أو "الحقني"، أو "أمسك بي" (م)	
١٠ – ج	يطلب باستخدام الصفات ٥ مرات، وقد يكون باستخدام التلقين اللفظي أوغير اللفظي (م)	
١٠ – د	يطلب المعلومات باستخدام "مَن"، ٣ مرات (م)	
١٠ – ه	يطلب عفوياً من الآخرين القيام بعمل ٢٠ فعلا مختلفا ، مثل: "اركض"، "اذهب"، "ادفعني" (م)	
١٠ – و	يطلب من الأشخاص الجدد وغير المألوفين، مرتين (م)	
١٠ – م	يتمكن من إصدار ١٠ طلبات جديدة بدون تدريب رسمي، مثل قوله عفويًا:"أين ذهبت القطة؟" (م)	

المهارة	التسمية – المستوى الثاني	تحقق
٦ – أ	يسمي ٤ أشخاص مختلفين أو ٤ حيوانات أليفة أو٤شخصيّات (قد تشمل على ماما وبابا) (إ)	
٦ – ب	يسمي نشاطين، مثل: تصفيق، قفز، وذلك عند سؤاله: "ماذا أفعل؟" (إ)	
٦ – ج	يكتسب مهارة تسمية جديدة بأقل من ٢٠ تجربة تدريب (إ)	
٦ – د	يسمي ٥ أشياء خلال ١٥ ثانية (طلاقة) (إ)	
٦ – م	**يتمكن من تسمية ٢٥ غرضًا مثل: كتاب، حذاء، سيارة، كلب، قبعة، وذلك عند سؤاله: "ما هذا؟" (إ)**	
٧ – أ	يسمي ٣ أعضاء للجسم، مثل: "أنف"، "فم"، "عين"(إ)	
٧ – ب	يسمي مثيرين سمعيين، مثل: "رنين الهاتف"، "صفارات الإنذار"، "نباح الكلب" (إ)	
٧ – ج	يصدر تسمية باستخدام كلمتين لخمسة أشياء وبشكل عفوي، مثلاً: "الطفل يبكي" (إ، م)	
٧ – د	يسمي فعلين مختلفين، مثل: يشرب، يسبح،وذلك عند سؤاله: "ماذا يفعل؟" (إ)	
٧ – ه	يسمي ٤٠ غرضا، مثل: شجرة، وعاء، جراب، قلم ألوان، تفاحة، عند سؤاله: "ما هذا؟" (إ)	
٧ - م	**يستطيع تعميم التسميات من خلال ٣ أمثلة ل٥٠ غرضًا يتم اختبارها أو من خلال قائمة التعميمات المكتسبة، مثل: تسمية "سيارة" ل٣ أنواع مختلفة من السيارات (إ)**	
٨ – أ	يسمي مثيرين ملموسين، يقول مثلاً:"كرة"، عندما يشعر بوجود واحدة داخل حقيبة (إ)	
٨ – ب	يسمي ٥ عبارات مكونة من اسم-فعل وفعل-اسم، مثل: "الكلب يأكل"، "تتدحرج الكرة" (إ)	
٨ – ج	يسمي غرضين أو أكثر موجودة في ١٠ صفحات مختلفة من كتاب عند سؤاله: "ماذا ترى هنا؟" (إ)	

تحليل المهام وتتبع المهارات: المستوى الثاني (١٨-٣٠ شهراً)

أسلوب التقييم: الاختبار المباشر(إ) المراقبة (م) اختبار أو مراقبة (إ، م) المراقبة الموقوتة (م م)

المهارة	التسمية – المستوى الثاني (تابع)	تحقق
٨ – د	ينظر إلى المستمع عند قيامه بالتسمية في ٥ مناسبات (م)	
٨ – م	**يستطيع تسمية ١٠ أفعال، مثل: "القفز"، "النوم"،"الأكل"، عند سؤاله: "ماذا أفعل؟" (إ)**	
٩ – أ	يسمي ٢٥ عبارة مكونة من اسم-اسم، مثل: "ورقة وقلم"،"سيارة وشاحنة" (إ)	
٩ – ب	يكتسب تسمية جديدة بأقل من ١٥ تجربة تدريب (إ)	
٩ – ج	يسمي ٥ مرات عفوياً الأشياء في كتاب أو على التلفاز أو الفيديو، مثل: "سندريلا" (م)	
٩ – د	يتعلم تسميتين جديدتين دون تدريب مباشر (إ)	
٩ – ه	يظهر استجابات معمّمة لخمسة أغراض، مثل: تسمية نفس المثير باستخدام كلمتين مختلفتين، مثل: "معلمة" و"رولا"؛ "قطة" و"جارفيلد"؛ "كلب" و"لاسي" (إ، م)	
٩ – م	**يستطيع تسمية ٥٠ عبارة تحتوي على مكونين، مثل: فعل-اسم أو اسم-فعل، يتم اختبارها أو من خلال قائمة التسميات المكتسبة، مثل: "غسل الوجه"، "أحمد يتأرجح"،"الطفل نائم" (إ)**	
١٠ – أ	يسمي ١٠ أفعال مثل: "التسلّق"، "اللعب"، "التلوين"، "السّباحة"، "الغسل" (إ، م)	
١٠ – ب	يسمي مثيرين يتعلقان بحاسة الذوق، مثلا: يسمي البرتقال من خلال تذوقه (إ، م)	
١٠ – ج	يسمي ٢٠ غرضا خلال دقيقة في اختبار الطلاقة (إ)	
١٠ – د	يسمي لونين مختلفين، مثل: "أحمر"، "أزرق" (إ، م)	
١٠ – ه	يسمي شكلين مختلفين، مثل: "دائرة"، "نجمة" (إ، م)	
١٠ – م	**يستطيع تسمية ٢٠٠ اسم أو/ و فعل (أو أجزاء جمل أخرى)، يتم اختبارها أو من خلال قائمة التسميات المكتسبة (إ)**	

المهارة	استجابة المستمع – المستوى الثاني	تحقق
٦ – أ	يختار الغرض الصحيح المعروض ضمن مجموعة غير منظمة مكونة من ٥ خيارات، وذلك لـ٢٥ غرضا، مثل: كتاب، سيارة، كلب، حذاء (إ)	
٦ – ب	يكتسب مهارة مستمع جديدة بأقل من ٢٥ تجربة تدريب (إ)	
٦ – ج	يميّز بين ٦أشخاص أو حيوانات أليفة أو شخصيات بالاسم، مثل الطلب منه: "أين سامر؟" (إ)	
٦ – د	يعمّم مهام استجابة المستمع عبر ٣ أمثلة وذلك لـ٢٥ غرضا مختلفا، مثلاً: يستطيع العثور على ٣ أمثلة للسيارة (إ)	
٦ – م	**يختار الغرض الصحيح المعروض ضمن مجموعة غير منسقة مكونة من ٦ أغراض، وذلك لـ ٤٠ غرضاً أو صورةً مختلفة، مثل اختياره للغرض عند سؤاله: "أين القطة؟"، "المس الكرة" (إ)**	
٧ – أ	يذهب إلى ٣ أشخاص محدّدين عند الطلب، مثل الطلب منه: "إذهب إلى سامر" (إ)	
٧ – ب	يشير إلى الغرض الذي تمت تسميته في كتاب، وذلك لـ٥أغراض، مثل سؤاله: "أين سيارة الإطفاء؟" (إ)	

تحليل المهام وتتبع المهارات: المستوى الثاني (١٨-٣٠ شهراً)

أسلوب التقييم: الاختبار المباشر(إ) المراقبة (م) اختبار أو مراقبة (إ، م) المراقبة الموقوتة (م م)

المهارة	استجابة المستمع – المستوى الثاني (تابع)	تحقق
٧ – ج	يختار ٥ أغراض في البيئة الطبيعية عند الطلب منه، مثل: "أحضر الملعقة"،عند وجودها على الطاولة (إ، م)	
٧ – د	يظهر بعفوية ٥ مهارات استجابة مستمع (بدون تلقين) في البيئة الطبيعية، مثلاً: عند ذكر أحدهم الحصان الهزّاز، يذهب إليه (م)	
٧ - م	**يُعمّم استجابة المستمع بالاختيار من خلال مجموعة غير منسقة مكونة من ٨ أغراض، وذلك عبر ٣ أمثلة لـ ٥٠ غرضًا، مثلًا: يستطيع العثور على ٣ أمثلة لقطار (إ)**	
٨ – أ	يذهب إلى ٣ مواقع محدّدة عند الطلب منه، مثلاً: "اذهب إلى المطبخ"، "أرني غرفة نومك" (إ)	
٨ – ب	يختار الغرض الصحيح المعروض ضمن مجموعة مكونة من ٨ أغراض،بحيث تحتوي المجموعة على مثيرين متشابهين باللون مثلا، وذلك ل ٢٠ غرضا (إ)	
٨ – ج	يختار الغرض عند سماع الصوت الذي يصدره، وذلك ل٥ أصوات مختلفة، مثل: نباح –الكلب؛ صفارات الإنذار- سيارات الإطفاء (إ)	
٨ – د	يختار غرضين ضمن مجموعة من ٨ خيارات، وذلك ل ٥ مجموعات ثنائية، مثل سؤاله: "أين الطفل والزجاجة؟" (إ)	
٨ – م	**يؤدي عشر حركات عندما يطلب منه ذلك مثل: "أرني كيف تصفّق"، "هل تستطيع القفز؟" (إ)**	
٩ – أ	يكتسب استجابتي مستمع بدون تدريب رسمي، مثلاً: عند طلب شخص من شخص آخر أن يقوم بإشعال الضوء، يذهب الطفل ليشعل الضوء، دون علم أحد بمعرفة الطفل لكلمة "ضوء" (م)	
٩ – ب	يستجيب لخمس إيماءات مختلفة بشكل مناسب، مثل: وضع الأصبع على الفم للسكوت، ورفع كف اليد للوقوف (إ، م)	
٩ – ج	يقوم ب٣ أفعال محدّدة مع ٣ أشخاص مختلفين، مثل: "أحضن جدتك"، "سلّم على لورا" (إ)	
٩ – د	يختار غرضين محدّدين من مشهد أو كتاب أو البيئة الطبيعية،وذلك ل٢٠ مجموعة ثنائية، مثل: "أين الفيل والزرافة؟" (إ)	
٩ – م	**يتبع التعليمات المكونة من عبارات تتضمن (اسم-فعل و/أو فعل-اسم)، وذلك لـ ٥٠ عبارة تحتوي تعليمات مختلفة، مثل: "أرني الطفل النائم"،"ادفع الأرجوحة" (إ)**	
١٠ – أ	يقوم بفعلين متتاليين وذلك ل١٠ مجموعات ثنائية من الأفعال، مثل: "أرني كيف تصفّق وتقفز" (إ)	
١٠ – ب	يميّز بين لونين من مجموعة مكونة من ٤ أغراض مختلفة الألوان (إ)	
١٠ – ج	يميّز بين شكلين من مجموعة مكونة من ٤ أشكال مختلفة (إ)	
١٠ – د	يعمّم مهام استجابة المستمع المكونة من فعل-اسم لغرض جديد، وذلك ل٥ أفعال مختلفة، مثلا: بعد تدريبه على تدوير الكرة، يقوم الطفل بتدوير البرتقالة (إ)	
١٠ – ه	يعمّم مهام استجابة المستمع المكونة من فعل-اسم (لفعل تعلّمه مؤخراً) عبر ٥ مسميات، مثل: بعد تعلّمه المسح يستطيع الاستجابة لطلب: مسح الطاولة، أو الكرسي، أو فمه (إ)	
١٠ – م	**عند سماع اسم الغرض، يختار الغرض الصحيح في كتاب أو في صورة لمشهد ما أو في البيئة الطبيعية، وذلك لـ ٢٥٠ غرضًا، عن طريق الاختبار أو من خلال قائمة الأسماء المكتسبة (إ)**	

تحليل المهام وتتبع المهارات: المستوى الثاني (١٨-٣٠ شهراً)

أسلوب التقييم: الاختبار المباشر(إ) المراقبة (م) اختبار أو مراقبة (إ، م) المراقبة الموقوتة (م م)

المهارة	الإدراك البصري والمطابقة مع نموذج – المستوى الثاني	تحقق
٦ – أ	يصل أداتين أو لعبتين معاً مثل: قطع الليغو (م)	
٦ – ب	يكدّس الأدوات متدرجة الأحجام فوق بعضها البعض مرتين، مثل: أوعية، فناجين، صحون (م)	
٦ – ج	يقلب صفحتين في كتاب (إ، م)	
٦ – د	يكمل بدون تلقين ٣ أحاجي مختلفة (ذات القطع الفردية واللوح المفرّغ)، بحيث تتكون كل أحجية من ٣-٤ قطع (إ، م)	
٦ – ه	يبني برجا من ٤ مكعبات بدون مساعدة (م)	
٦ – و	يطابق الأغراض المتشابهة أو الصور المعروضة ضمن مجموعة منسقة مكونة من ٣ خيارات وذلك ل١٠ أغراض، مثلاً: يطابق قبّعة مع قبّعة (إ)	
٦ – ز	يطابق الأغراض أو الصور المتشابهة ولكن بأحجام مختلفة، المعروضة ضمن مجموعة غير منسقة مكونة من ٦ خيارات، وذلك ل١٠ أغراض، مثلاً: يطابق كرة حمراء كبيرة مع كرة حمراء صغيرة (إ)	
٦ – ح	يضع ٥ أغراض في مكانها أو في المكان المناسب لها، مثلا: يضع فنجان في المغسلة (إ، م)	
٦ – م	**يطابق أغراض أو صور متماثلة معروضة ضمن مجموعة غير منسقة مكونة من ٦ خيارات، وذلك ل٢٥ غرضا (إ)**	
٧ – أ	يكمل ٥ أحاجي مختلفة تتكون كل منها من ٦ قطع أو أكثر، بدون تلقين (إ، م)	
٧ – ب	يطابق الأغراض أو الصور المتماثلة المعروضة ضمن مجموعة غير منسقة مكونة من ٨خيارات، وذلك ل٢٥ غرضا (إ)	
٧ – ج	يطابق الصور المتماثلة ولكن بخلفيات مختلفة، والمعروضة ضمن مجموعة غير منسقة مكونة من ٨خيارات، وذلك ل٢٥ غرضا (إ)	
٧ – د	يطابق الصور المتماثلة (ثنائية الأبعاد) مع الأغراض (ثلاثية الأبعاد) وبالعكس، والمعروضة ضمن مجموعة غير منسقة مكونة من ٨ خيارات، وذلك ل١٠أغراض، مثلاً: يطابق صورة لتوماس القطار مع لعبة توماس القطار (إ)	
٧ – ه	يطابق غرضين معاً بشكل عفوي أثناء اللعب أو في أي وضع آخر، مثلا: يجلب مجسّم لشخصية ما، ثم يختار مجسّم مشابه له من مجموعة من المجسّمات (م)	
٧ – و	يطابق ضمن مجموعات مكونة من ٨ خيارات، وذلك ل١٠ متطابقات في أقل من ٢٠ ثانية (طلاقة) (إ)	
٧ - م	**يفرز الألوان والأشكال المتشابهة لـ١٠ ألوان أو أشكال، وذلك بعد تقديم نموذج للاستجابة، مثلاً: عند إعطائه وعاءً أحمر وأزرق وأخضر، ومجموعة من الدبابيس الحمراء والزرقاء والخضراء، يقوم الطفل بفرز الدبابيس في الأوعية وفقًا للون بعد إعطائه نموذج للاستجابة (إ)**	
٨ – أ	يظهر تعميم مهارة المطابقة من خلال مطابقة ٥ أغراض جديدة بدون تدريب رسمي (إ، م)	
٨ – ب	يطابق الأغراض أوالصور مع ما يماثلها في كتاب، ل٢٥ غرضا (إ)	
٨ – ج	يطابق الأغراض أوالصور مع ما يماثلها في البيئة الطبيعية، ل٢٥ غرضا (إ)	
٨ – د	يختار الأغراض غير المتطابقة ولكنها مترابطة بعلاقة ما، وذلك ل٣ أنشطة لعب مختلفة، مثلا: يختار عدة حيوانات تعيش في المزرعة من مجموعة ألعاب موجودة داخل الصندوق (إ)	

أسلوب التقييم: الاختبار المباشر(إ) المراقبة (م) اختبار أو مراقبة (إ، م) المراقبة الموقوتة (م م)

المهارة	الإدراك البصري والمطابقة مع نموذج – المستوى الثاني (تابع)	تحقق
٨ – ه	يجمع ٥ أجزاء لألعاب يتم تركيبها، وذلك لـ٥ ألعاب مختلفة، مثل: قطارات، رأس البطاطا "Potato Head" (إ)	
٨ – م	**يطابق أغراضًا وصورًا متماثلة معروضة في مجموعة غير منسقة مكونة من ٨ خيارات وتتضمن ٣ مثيرات متشابهة، مثلًا: يطابق كلبًا مع كلبٍ، في مجموعة تحتوي أيضًا على قطة وخنزير ومهرة، وذلك لـ٢٥ غرضًا (إ)**	
٩ – د	يطابق الأغراض أو الصور غير المتماثلة مع ما يشابهها في البيئة الطبيعية، لـ٢٥ غرضا (إ)	
٩ – ه	يطابق الأغراض عفوياً في البيئة الطبيعية مرتين، مثلا: يجد حذاء مطابق (إ)	
٩ – م	**يطابق أغراضًا أوصورًا متشابهة معروضة في مجموعة غير منسقة مكونة من ١٠ خيارات، مثلا: يطابق شاحنة من نوع فورد مع شاحنة من نوع تويوتا، وذلك لـ٢٥ غرضًا (إ)**	
١٠ – أ	يجمع أو يضع ٥ ألعاب أو شخصيات أو أغراض مترابطة معاً في مجموعة، مثل: مجموعة الشاي (إ)	
١٠ – ب	يطابق صورة لعضو من أعضاء الجسم مع ما يماثله على جسمه، لـ٥ أعضاء (إ، م)	
١٠ – ج	يطابق صورة فعل مع صورة غيرمتماثلة لنفس الفعل، وذلك لـ١٠ أفعال، مثلا: يطابق صورة بنت تسبح مع صورة لولد يسبح في بركة مختلفة (إ)	
١٠ – د	يلوّن الصور في دفتر التلوين، ولكن لا يبقى ضمن إطار الصورة طوال الوقت (إ)	
١٠ – ه	يطابق ١٠ أغراض مختلفة، لكنها مترابطة مع بعضها، مثل: حذاء مع جراب (إ)	
١٠ – م	**يطابق مجسمات الأغراض (ثلاثية الأبعاد) مع صور (ثنائية الأبعاد) غير متماثلة مع الأغراض و/أو العكس، بحيث تكون معروضة ضمن مجموعات غير منسقة مكونة من ١٠ خيارات منها ٣ خيارات متشابهة، وذلك لـ٢٥ غرضًا (إ)**	

المهارة	اللعب المستقل – المستوى الثاني	تحقق
٦ – أ	يحمل لعبة أو اثنتين أثناء المشي (م)	
٦ – ب	يلعب بشكل مستقل بالأحاجي (ذات القطع الفردية واللوح المفرّغ) لمدة دقيقة (م)	
٦ – ج	يتفاعل باللعب الحسي لمدة دقيقتين، مثلا: يعبئ الرمل في وعاء، يلعب بكريم الحلاقة (م)	
٦ – د	يطرطش الماء ويلعب بالأغراض في بركة السباحة (م)	
٦ – ه	يلعب بمجموعات الألعاب لمدة دقيقتين، مثل: حيوانات المزرعة، أجزاء القطار (م)	
٦ – م	**يبحث عن غرض ناقص أو مكمِل لـ٥ ألعاب، مثل: قطعة من أحجية، كرة للعبة الرمي، زجاجة الرضاعة لدمية (إ، م)**	
٧ – أ	يقوم بالشخبطة على الألواح البيضاء أو الورق (م)	
٧ – ب	ينتظر ريثما يتم تجهيز نشاط ما (م)	
٧ – ج	يلعب بشكل مستقل لمدة دقيقتين بدون تفاعل مع البالغين (م)	
٧ – د	يفرز الألعاب المرغوبة عن غيرها والموجودة في سلة واحدة، مثلا: يختار قطع قطار توماس (م)	
٧ – ه	يقلد عفوياً استخدام البالغين لأدوات معينة، مثل: تمشيط الشعر(م)	

تحليل المهام وتتبع المهارات: المستوى الثاني (١٨-٣٠ شهراً)

أسلوب التقييم: الاختبار المباشر(إ) المراقبة (م) اختبار أو مراقبة (إ، م) المراقبة الموقوتة (م م)

المهارة	اللعب المستقل – المستوى الثاني (تابع)	تحقق
٧ - م	**يظهر طريقة استخدام اللعبة أو الأداة وفقًا لوظائفها، مثل: وضع قطار على السكة، جرّ عربة، رفع سماعة الهاتف عند الأذن، وذلك لـ٥ أغراض (م)**	
٨ – أ	يلعب بشكل مستقل في ساحة اللعب الخارجي لمدة دقيقتين، بدون تلقين (م)	
٨ – ب	يراقب ثم يقلّد الأطفال الآخرين في اللعب، مثل: الانزلاق على لعبة الانزلاق (م)	
٨ – ج	يلضم الخرز الكبير، أو ينفذ أي نشاط يتطلب حركات يدوية لمدة دقيقة (م)	
٨ – د	يلعب بمجموعتي ألعاب وفقاً لوظيفتها، مثل: أدوات النجارة، أدوات المطبخ (م)	
٨ – م	**يلعب بالأغراض المألوفة بطريقة إبداعية مرتين، مثلًا: يستخدم الوعاء كطبلة، أو الصندوق على أنه سيارة وهمية (م)**	
٩ – أ	يطلب الذهاب إلى منطقة ألعاب، أو الوصول إلى ألعاب معينة لا يستطيع وصولها لوحده، مثلا: يطلب بأن يتم رفعه على قضبان التسلّق (م)	
٩ – ب	يكمل ٥ أحاجي (ذات القطع الفردية واللوح المفرّغ) بحيث تحتوي كل منها ٥ قطع أو أكثر (م)	
٩ – ج	يلعب ألعابا معينة في منطقة الألعاب بشكل متكرر، مثلا: ينزلق على جهاز الزحلقة عدة مرات، يلعب ذهاباً وإياباً على لعبة قضبان التسلق (م)	
٩ – د	يقوم بركل كرة للأمام عفوياً (م)	
٩ – م	**يندمج باللعب الخارجي لمدة ٥ دقائق، مثل: اللعب على جهاز الزحلقة والأرجوحة (م م: ٣٠ دقيقة)**	
١٠ – أ	يلعب بمجموعات الألعاب وفقاً لوظيفتها، مثل: أغراض أعياد الميلاد، وأدوات الشاي (م)	
١٠ – ب	يسمح للآخرين باللعب على مقربة منه (م)	
١٠ – ج	يبدي اهتماماً بالأعمال التي أتمتها أقرانه، مثل: بناء قلعة رمل، عمل مجسم من الليغو (م)	
١٠ – د	يطلب من أقرانه عدم تخريب لعبة ما قام هو بتجميعها (م)	
١٠ – ه	يعدّل طريقة لعبه بالألعاب في حال فقدان أحد أجزاء اللعبة، مثلا: يلعب بسيارة ليس فيها عجل (م)	
١٠ – و	يساعد في ترتيب الألعاب في مكانها بعد الانتهاء من نشاط ما، مع التلقين من البالغين (م)	
١٠ – م	**يقوم بجمع وتركيب الألعاب التي تحتوي على عدة أجزاء، مثل: أجزاء رأس البطاطا، عائلة من الدمى الصغيرة، أجزاء القطار والسكة، وذلك لـ٥ مجموعات مختلفة (م)**	

المهارة	السلوك الاجتماعي واللعب الاجتماعي – المستوى الثاني	تحقق
٦ – أ	ينظر إلى أقرانه عندما يتكلم، مرتين (م)	
٦ – ب	يلاحق أقرانه عند اللعب مع التلقين، مرتين (م)	
٦ – ج	يجلس مع أقرانه في الأنشطة الجماعية، مثل: الموسيقى، بدون سلوك مزعج لدقيقتين (م)	
٦ – د	يندمج في اللعب البدني مع أقرانه مثل: التدحرج من أعلى منحدر، مع التلقين من البالغين، مرتين (م)	
٦ – ه	يقلد ٥ سلوكيات لأقرانه عفوياً (م)	

تحليل المهام وتتبع المهارات: المستوى الثاني (١٨-٣٠ شهراً)

أسلوب التقييم: الاختبار المباشر(إ) المراقبة (م) اختبار أو مراقبة (إ، م) المراقبة الموقوتة (م م)

٦ – م	**يبادر في التفاعل البدني مع أقرانه مرتين، مثلاً: يدفع أرجوحة أو عربة يجلس فيها طفل آخر، يمسك بيد طفل آخر (م م: ٣٠ دقيقة)**	
٧ – أ	يطلب من أقرانه ٥ مرات، مع التلقين، مثل تلقينه: "أطلب بسكويته من تمارا" (إ)	
٧ – ب	يكرّر الأصوات والكلمات التي يصدرها أقرانه مرتين، مع التلقين من البالغين مثل: "ماذا قال؟" (إ)	
٧ – ج	يشارك عفوياً الأطفال الآخرين باللعب معهم في نشاط ما، مثل:الدخول معهملبيت الألعاب، مرتين (م)	
٧ – د	يقدم معززاً لأحد أقرانه بعفوية، مرة واحدة (م)	
٧ - م	**يطلب من أقرانه عفويًا ٥ مرات، مثل قوله: "حان دوري"، "ادفعني"، "انظر"،"هيا بنا" (م م: ٦٠ دقيقة)**	
المهارة	السلوك الاجتماعي واللعب الاجتماعي – المستوى الثاني (تابع)	**تحقق**
٨ – أ	يرحب عفوياً بالآخرين من خلال التلويح أو من خلال الرد الصوتي، مرة واحدة (م)	
٨ – ب	يقلّد عفوياً أفعال أحد أقرانه بأداة ما مثل: النفخ على دولاب الهواء، مرتين (م)	
٨ – ج	يستجيب لطلبات أقرانه مرتين، مع التلقين من البالغين، مثل تلقينه: "أعطه السيارة" (إ، م)	
٨ – د	يكرّر الكلمات التي يصدرها أقرانه عفوياً، مرتين (م)	
٨ – م	**يندمج باللعب الاجتماعي مع أقرانه لثلاث دقائق بدون تلقينٍ، أو معزّزات من الآخرين، مثل: التعاون في بناء مجسم لعب، اللعب بالماء (م م: ٣٠ دقيقة)**	
٩ – أ	يقلّد عفوياً أحد أقرانه عند قيامه بتركيب الألعاب أو أدوات أخرى مثل: "Duplo"، مرة واحدة (م)	
٩ – ب	يستجيب مرتين لطلبات أقرانه لأغراض معينة، مثل قول أحدهم له: "أعطني الشاحنة" (إ، م)	
٩ – ج	يستجيب مرتين لطلبات أقرانه لأفعال معينة، مثل قول أحدهم له: "أدفعني" (إ، م)	
٩ – د	يستجيب مرة واحدة لطلبات أقرانه لإيقاف سلوك ما، مثل قول أحدهم له: "توقف عن دفعي" (إ، م)	
٩ – ه	يطلب المساعدة من البالغين عفوياً، مرة واحدة (م)	
٩ – و	يسمي الأغراض لأقرانه مع التلقين من البالغين، مثل قوله لأحدهم: "ها هي سيارتك"، مرتين (م)	
٩ – م	**يتجاوب عفويًا مع الطلبات المقدّمة من قبل أقرانه ٥ مرات، مثل: "اسحبني في العربة"، "أريد قطارًا" (إ، م)**	
١٠ – أ	يطلب من الآخرين الالتزام بالتعليمات عفوياً، مرتين، مثل قوله: "ضع الدراجة هنا" (م)	
١٠ – ب	يطلب من الآخرين الانتباه للغرض الذي ينتبه له عفوياً، مرتين، مثل قوله: "انظر إلى هذا" (م)	
١٠ – ج	يطلب من الآخرين الانتباه لتصرفاته عفوياً، مرتين، مثل قوله: "شاهدني" (م)	
١٠ – د	يطلب الاهتمام من أقرانه، مرتين، مثل قوله: "يا رامي" (م)	
١٠ – ه	يقلّد أحد أقرانه عند ركوبه دراجة ثلاثية أو سيارة أو أية لعبة أخرى متحركة، مرتين (م)	
١٠ – م	**يطلب مرتين عفويًا من أقرانه مشاركتهم في الألعاب أو اللعب الجماعي ، مثل قوله: "هيا بنا نحفر حفرة" (م م: ٦٠ دقيقة)**	

تحليل المهام وتتبع المهارات: المستوى الثاني (١٨-٣٠ شهراً)

أسلوب التقييم: الاختبار المباشر(إ) المراقبة (م) اختبار أو مراقبة (إ، م) المراقبة الموقوتة (م م)

المهارة	التقليد الحركي – المستوى الثاني	تحقق
٦ – أ	يقلّد النفخ، مثل نفخ: الفقاعات، الشموع، البالونات، مرتين (إ)	
٦ – ب	يقلّد ٥ إيماءات مألوفة، مثل: هز الأكتاف، رفع الإبهام، وضع الأصبع على الشفاه عند إغلاقها (إ، م)	
٦ – ج	يقلّد قلب صفحات كتاب ما (إ)	
٦ – د	يقلّد ٥ أفعال بغرض ما، بحيث يتم اختيار الغرض من مجموعة تتكون من خيارين، مثلاً: يقلّد حضن دمية معروضة ضمن مجموعة تتكون من دمية وجرو (إ)	
٦ – ه	يقلّد تفريق ٥ أغراض عن بعضها البعض، مثل: الليغو، نزع الأغطية عن علبها (إ)	
٦ – م	**يقلّد ١٠ أفعال تتطلب اختيار غرضٍ ما من مجموعة، مثلًا: يقلد الدّق على الطبلة، بعد اختياره عصا الطبلة من مجموعة تحتوي على عصا وبوقٍ وجرسٍ (إ)**	
٧ – أ	يقلّد ٣ حركات لعب في البيئة الطبيعية، مثل: دفع سيارة أسفل منحدر (إ)	
٧ – ب	يقلّد ٥ سلوكيات تتطلب خطوتين، مثل: لمس الرأس ولمس الأكتاف (إ، م)	
٧ – ج	يقلّد سلوك شاهده على التلفاز أو في فيديو عفوياً، مثل: الرقص، القفز (م)	
٧ – د	يقلّد ٥ حركات للوجه، مثل: التقبيل، فتح الفم، إغماض العينين (إ)	
٧ – ه	يحافظ على سلوك تقليدي جديد بعد ٢٤ ساعة من اكتسابه بدون تدريب (إ)	
٧ – و	يقلّد سلوك جديد من المحاولة الأولى (إ، م)	
٧ – ز	يقلّد ٥ أمثلة للعب بأصابع اليدين، مثل: التظاهر بالمشي باستخدام حركة أصبعين (إ)	
٧ - م	**يقلّد ٢٠ حركة دقيقة مثل: تحريك الأصابع، القرص، عمل قبضة، عمل حركة فراشة، عند تلقينه: "قم بهذا" (إ)**	
٨ – أ	يقلّد ٥ حركات خلال ١٠ ثواني (اختبار الطلاقة) (إ)	
٨ – ب	يقلّد رسم دائرة في مناسبتين (إ)	
٨ – ج	يقلّد ٥ حركات تظاهرية خلال اللعب، مثل: صب الشاي، إطلاق الرصاص على بيوت العناكب (إ)	
٨ – د	يقلّد ٥ حركات دقيقة في الأنشطة الفنية والحرفية، مثل: القص، اللصق، الرسم (م)	
٨ – ه	يكتسب ٥ مهارات مستمع جديدة من خلال الانتقال من التقليد إلى الاستماع للتعليمات، مثلا: يتعلم كيفية رمي صنارة الصيد، من خلال تطبيقها أمامه أولا، ثم إعطائه التعليمات الشفوية عن الطريقة (إ)	
٨ – و	يقلّد الأطفال الآخرين خلال الأنشطة اليومية مثل: الاصطفاف، جر عربة، في مناسبتين (م)	
٨ – ز	يكرّر سلوك ممتع تمت مراقبته من قبل (تقليد متأخر) مثل: رش الماء (إ)	
٨ – م	**يقلّد ١٠ تسلسلات لأفعال، كل سلسلة تتكون من ثلاثة أجزاء مثل: التصفيق والقفز ولمس الأصابع، أو التقاط الدمية ووضعها في السرير وهز السرير، وذلك عند تلقينه: "قم بهذا" (إ)**	
٩ – أ	يقلّد في مناسبتين سلوكا دراميأ خلال اللعب بعد رؤية أحد أقرانه يقوم به، مثل: التظاهر بأنه معلم (إ)	
٩ – ب	يقلّد ٥ سلوكيات في نشاط جماعي عفوياً، مثلا: يجلس عند جلوس الآخرين (م)	
٩ – ج	يقلّد ١٠ أفعال تتكون من جزأين، مثل: التظاهر بصب شيء ما وشربه (إ، م)	
٩ – د	يقلّد نفس السلوك بسرعة وببطء، وذلك لـ٥ سلوكيات، مثل: رفع اليدين بسرعة ثم ببطء (إ)	

أسلوب التقييم: الاختبار المباشر(إ) المراقبة (م) اختبار أو مراقبة (إ، م) المراقبة الموقوتة (م م)

المهارة	التقليد الحركي – المستوى الثاني (تابع)	تحقق
٩ – م	**يقلّد ٥ مهارات وظيفية في السياق الطبيعي، مثل: الأكل باستخدام ملعقة، لبس السترة، خلع الحذاء (م)**	
١٠ – أ	يقلّد بناء الأشياء أو تركيب لعبة ما، مثل: الليغو، مجموعة قطع قطار (إ، م)	
١٠ – ب	يقلّد ٥ خطوات متسلسلة لأداء خمسة أنشطة عناية ذاتية، مثل: تنظيف الأسنان، غسل الوجه، لبس الحذاء (إ، م)	
١٠ – ج	يقلّد ٥ أنشطة متعلقة بالحياة اليومية، مثل: تجهيز الطاولة، تنظيف الأرض (إ ، م)	
١٠ – د	يظهر التقليد المتأخر لسلوك البالغين أثناء اللعب التظاهري، مثل: قيادة السيارة، الطباعة (م)	
١٠ – ﻫ	يقلد ٥٠ سلوكاً حركياً عند الطلب (إ، م)	
١٠ – م	**يقلّد (أو يحاول تقليد) الحركات الجديدة المنمذجة من قبل الآخرين، باستخدام أو بدون استخدام الأغراض، أي أنّه يعمم سلوك التقليد (إ)**	

المهارة	استجابة المستمع المتعلقة بالوظيفة والخصائص والصنف – المستوى الثاني	تحقق
	(ملاحظة: يبدأ هذا المجال في المستوى الثاني)	
٦ – أ	يختار حيواناً من ضمن مجموعة مكونة من ٣ خيارات، وذلك لخمسة أصوات مختلفة تصدر عن الحيوانات، مثل: "مياو تقول....." (إ)	
٦ – ب	يختار غرضا من ضمن مجموعة مكونة من ٣ خيارات، وذلك لخمسة أصوات مختلفة تصدر عن الأغراض، مثل: "توت توت صوت...." (إ)	
٦ – ج	يختار غرضا من ضمن مجموعة مكونة من ٣ خيارات، وذلك لخمس أغانٍ مختلفةٍ تتماشى مع الغرض، مثل: "لالي لالي يا......"، فيختار النجمة من بين النجمة والحافلة والدمية (إ)	
٦ – م	**يختار ٥ أنواع طعام أو شراب عند عرض كل منها في مجموعة مكونة من ٥ خيارات (منهم ٤ خيارات لا تتعلق بالطعام أو الشراب)، وسؤاله الأسئلة التي تتطلب تكملة مثل: "تأكل..."، أو "تشرب..." (إ)**	
٧ – أ	يختار غرضا من ضمن مجموعة مكونة من ٥ خيارات، وذلك لخمسة عبارات مختلفة تتطلب تكملة وتحتوي على فعل، مثل: "أنت تنام في ...." (إ)	
٧ – ب	يختار الغرض المترابط من ضمن مجموعة مكونة من ٥ خيارات، وذلك لخمسة أزواج من المترابطات، مثل: "حذاء و...." (إ)	
٧ – ج	يعكس ٥ أزواج من المترابطات المكتسبة، مثلا: بعد تعلّم إختيار الجوارب عند سماع حذاء، يستطيع أن يعكسها بحيث يختار الحذاء عند سماع الجوارب (إ)	
٧ – د	يعمّم ١٠ استجابات مستمع متعلقة بالوظيفة والخصائص والصنف مكتسبة، وذلك عبر الأصوات المختلفة ودرجات الحدّة والألحان المختلفة (إ)	
٧ – ﻫ	يعمّم ١٠ استجابات مستمع متعلقة بالوظيفة والخصائص والصنف، وذلك عبر العبارات الجديدة بدون تدريب، مثل: "هيا نجلس على ...."، "حان الوقت للجلوس على ...." (إ)	

أسلوب التقييم: الاختبار المباشر(إ) المراقبة (م) اختبار أو مراقبة (إ، م) المراقبة الموقوتة (م م)

المهارة	استجابة المستمع المتعلقة بالوظيفة والخصائص والصنف – المستوى الثاني (تابع)	تحقق
٧ – و	يعمّم ١٠ استجابات مستمع متعلقة بالوظيفة والخصائص والصنف عبر صورتين أو غرضين، مثلا: عبر حذاءين مختلفين (إ، م)	
٧ - م	**يختار الغرض الصحيح المعروض ضمن مجموعة مكونة من ٨ خيارات وذلك لـ٢٥ استجابة مستمع متعلقة بالوظيفة أو الخصائص أو الصنف، عند سؤاله الأسئلة التي تتطلب تكملة مثل: "اجلس على..." (إ)**	
٨ – أ	يختار غرضا من ضمن مجموعة مكونة من ٨ خيارات، وذلك لعشرة عبارات تتطلب تكملة تتعلق بالوظيفة، مثل: "أنت ترسم باستخدام...." (إ)	
٨ – ب	يختار غرضا من ضمن مجموعة مكونة من ٨ خيارات، وذلك لعشرة عبارات تتطلب تكملة تتعلق بخاصيّة، مثل: "نجد الدواليب على ال..." (إ)	
٨ – ج	يختار غرضا من ضمن مجموعة مكونة من ٨ خيارات، وذلك لعشرة عبارات تتطلب تكملة تتعلق بالصنف، مثل: "أحد أنواع الحيوانات هو ال..." (إ)	
٨ – د	يختار غرضا من ضمن مجموعة مكونة من ٨ خيارات، وذلك لعشرة أسئلة تتضمن "**ماذا**"، مثل: "ماذا تأكل؟" (إ، م)	
٨ – ه	يختار غرضا من ضمن مجموعة مكونة من ٨ خيارات، وذلك لعشرة أسئلة تتضمن "**أي**"، مثل:"أيّ واحد يطير؟" (إ، م)	
٨ – و	يختار غرضا من ضمن مجموعة مكونة من ٨ خيارات، وذلك لعشرة أسئلة تتضمن"**من**"، مثل: "من يبني عشّاً؟" (إ، م)	
٨ – م	**يختار الغرض الصحيح المعروض ضمن مجموعة مكونة من ١٠ خيارات أو من كتاب، وذلك لـ ٢٥ استجابة مستمع تحتوي على فعل-اسم وتتضمن"ماذا" أو "من" أو "أي"،مثل: "ماذا تركب؟"، "أي حيوان ينبح؟"،"من يستطيع القفز؟" (إ)**	
٩ – أ	يعمّم استجابة المستمع المتعلقة بالصنف عبر ٥ أمثلة، مثل: ٥ حيوانات مختلفة، وذلك ل١٠ أصناف مختلفة (إ)	
٩ – ب	يصدر ١٠ استجابات مستمع تتعلق بالوظيفة والخصائص والصنف بأقل من دقيقة، من خلال الاختيار من مجموعة مكونة من ١٠ خيارات (اختبار طلاقة) (إ)	
٩ – ج	يختار الغرض بعد سماعه عبارتين مختلفتين عن الغرض المعروض أمامه، مثل: "أعثر على نوع طعام" أو "ماذا تأكل؟"، وذلك ل١٠ أغراض مختلفة (إ)	
٩ – د	يختار غرضا من مجموعة مكونة من ١٠ خيارات، وذلك لعشرة استجابات المستمع متعلقة بالوظيفة والخصائص والصنف للأسئلة التي تتضمن "**أين**"، مثل: "أين تجد الحليب؟" (إ)	
٩ – ه	يصدر ١٠ استجابات مستمع تتعلق بالوظيفة والخصائص والصنف في البيئة الطبيعية (إ)	
٩ – م	**يختار الغرض الصحيح عند سماعه لـ٣ عبارات مختلفة عن الغرض، مثل: "اعثر على حيوان"، "من ينبح؟"، "من لديه مخالب؟"، وذلك لـ٢٥ غرضًا (إ)**	
١٠ – أ	يختار غرضا من مجموعة مكونة من ١٠ خيارات بعد تزويده بالصنف والوظيفة، مثل: "أعثر على شيء ترتديه في رجلك"، وذلك ل٢٥ غرضا (إ، م)	

تحليل المهام وتتبع المهارات: المستوى الثاني (١٨-٣٠ شهراً)

أسلوب التقييم: الاختبار المباشر(إ) المراقبة (م) اختبار أو مراقبة (إ، م) المراقبة الموقوتة (م م)

المهارة	استجابة المستمع المتعلقة بالوظيفة والخصائص والصنف – المستوى الثاني (تابع)	تحقق
١٠ – ب	يختار غرضا من مجموعة مكونة من ١٠ خيارات بعد تزويده بالصنف والخصائص، مثل: "أعثر على حيوان لديه أجنحة"، ل٢٥ غرضا (إ، م)	
١٠ – ج	يصدر ٥ استجابات المستمع تتعلق بالوظيفة والخصائص والصنف في البيئة الطبيعية بدون تدريب (إ)	
١٠ – د	يعمّم ٢٥ استجابة مستمع تتعلق بالوظيفة والخصائص والصنف لعبارات مكونة من جزأين وبدون تدريب، مثل: "هل ترى فاكهة حمراء؟" (إ)	
١٠ – ٥	يصدر ٥ استجابات مستمع تتعلق بالوظيفة والخصائص والصنف عفوياً، مثلا: يحضر مكنسة بعد سماعه: "هنالك أوساخ على الأرض" (إ)	
١٠ – م	**يسمي الغرض عفويًا بنسبة ٥٠% من الوقت أثناء تجارب استجابة المستمع المتعلقة بالوظيفة والخصائص والصنف، مثلاً يقول: "كلب" عند سؤاله: "اعثر على حيوان"، وذلك بوجود صورةٍ لكلب ضمن مجموعة صور (إ، م)**	

المهارة	الرد المبني على السياق – المستوى الثاني	تحقق
	(ملاحظة: يبدأ هذا المجال في المستوى الثاني)	
٦ – أ	يكمل الأصوات التي تصدر عن حيوانين أو غرضين، مثل: "يقول الكلب..."، "صوت البوق..." (إ)	
٦ – ب	يسمي حيوانين عند تزويده بالأصوات التي تصدرها، مثل: "مياو تقول ال...." (إ)	
٦ – ج	يكمل ٥ أغاني مختلفة، مثل: "لالي لالي يا..." (إ)	
٦ – د	يكمل عبارتين لفظيتين تستخدمان خلال أنشطة ممتعة، مثل: "طاق طاق..." (إ)	
٦ – م	**يكمل ١٠ عبارات من أي نوع، مثل: تكملة الأغاني أو الألعاب الاجتماعية أو أصوات الحيوانات أو أصوات الأدوات (إ)**	
٧ – أ	يكمل ٥ عبارات مختلفة في السياق الطبيعي، على سبيل المثال:بينما هو نائم في سريره، يكمل عبارة: "أنت تنام في..." (إ)	
٧ – ب	يكمل خمسة عبارات مختلفة في السياق الطبيعي عند عكسها، مثل: "في سريرك انت..." (إ)	
٧ – ج	يكمل ٥ عبارات خارجة عن السياق الطبيعي، مثل: "انت تغسل..." (إ)	
٧ – د	يعمّم ١٠ ردود مبنية على السياق مكتسبة، عبر شخص ومكان مختلف (إ، م)	
٧ - م	**يقول المقطع الأول من اسمه عند سؤاله: "ما اسمك؟" (إ)**	
٨ – أ	يكمل عبارات لصنفي أكل وصنفي شراب، مثل: "أنت تأكل...و..."، "أنت تشرب...و..." (إ)	
٨ – ب	يكمل ٥ عبارات تتكون من (اسم-اسم) تربطهما علاقة ما، مثل: "ماما و..." (إ)	
٨ – ج	يكمل ٥ أغاني باستخدام كلمتين أو أكثر لكل أغنية، مثل: "ماما وبابا بحبوني...." (إ، م)	
٨ – د	يعمّم ١٠ ردود مبنية على السياق باستخدامها بعبارات جديدة، مثل: "نقوم برمي ال..."، "هيا نرمي ال..." (إ، م)	

تحليل المهام وتتبع المهارات: المستوى الثاني (١٨-٣٠ شهراً)

أسلوب التقييم: الاختبار المباشر(إ) المراقبة (م) اختبار أو مراقبة (إ، م) المراقبة الموقوتة (م م)

المهارة	الرد المبني على السياق – المستوى الثاني (تابع)	تحقق
٨ – م	**يكمل ٢٥ عبارة (باستثناء الأغاني) مثل: "أنت تأكل..."، "أنت تنام على..."، "حذاء و..." (إ)**	
٩ – أ	يكمل ١٠ عبارات تتكون من (فعل-اسم)، مثل: "أنت تركب..."، "أنت تلعب..."(إ)	
٩ – ب	يصدر ردّين مبنيين على السياق عفوياً (بدون تلقين لفظي) (م)	
٩ – ج	يجيب عن ١٠ أسئلة تتضمن "ماذا" بحيث يكون الفعل هو المثير المميز للتحكم بالاستجابة، مثل: "ماذا تنظّف؟" (إ)	
٩ – د	يجيب عن ١٠ أسئلة تتضمن "ماذا" بحيث يكون الإسم هو المثير المميز للتحكم بالاستجابة، مثل: "ماذا يوجد في البستان؟" (إ)	
٩ – ه	عند سؤاله: "ماذا تأكل" و "ماذا تشرب؟"، يقدّم استجابتين لكل صنف (إ)	
٩ – و	يقدّم ٥ ردود جديدة للأسئلة المكتسبة سابقاً (تعميم الاستجابة)، مثلا:عندما يطلب منه أن "يسمي حيوان"، يقول الطفل كلمة "دب"، لأول مرة ودون تدريبه عليها (إ)	
٩ – م	**يجيب عن ٢٥ سؤالًا يتضمن "ماذا"، مثل: "ماذا تمشط؟" (إ)**	
١٠ – أ	يجيب عن ٥ أسئلة مختلفة تتضمن "**أين**"، مثل: "أين كتابك؟" (إ)	
١٠ – ب	يجيب عن ٥ أسئلة مختلفة تتضمن "**من**"، مثل: "من هي معلمتك؟" (إ)	
١٠ – ج	يصدر ردين مبنيين على السياق بدون تدريب، مثلا: عند قول أحدهم "ياسمين"، يقول الطفل كلمة "وردة" (إ)	
١٠ – د	يجيب عن ١٠ أسئلة مختلفة تتعلق بالأصناف، مثل: "ما هو حيوانك المفضل؟"، "ما هي ألعابك المفضلة؟" (إ)	
١٠ – ه	يجيب عن الأسئلة المتعلقة بالألوان والأسماء، وذلك ل١٠ أغراض مرئية، مثل: "ما هذا؟"، "ما هو لونها؟" (إ)	
١٠ – و	يجيب عن ١٠ أسئلة مختلفة تتعلق بالوظيفة، مثل: "ماذا تفعل بفرشاة الأسنان؟" (إ)	
١٠ – ز	يصدر ٥ طلبات كردود مبنية على السياق، مثلا: يقول الأب: "الطقس حار"، فيقول الطفل: "لنذهب للسباحة" (إ، م)	
١٠ – م	**يجيب عن ٢٥ سؤالًا مختلفًا يتضمن "من" و"أين"، مثل: "من صديقك؟"، "أين وسادتك؟" (إ)**	

المهارة	المهارات الجماعية والروتين الصفي – المستوى الثاني	تحقق
	(ملاحظة: يبدأ هذا المجال في المستوى الثاني)	
٦ – أ	يتأقلم مع افتراقه عن والديه، مثلا: لا يبكي عند مغادرة والديه (م)	
٦ – ب	يجلس على الطاولة عند تناوله الغذاء أو الوجبات الخفيفة مع التلقين البدني، لدقيقة واحدة (م)	
٦ – ج	يصطف مع الأطفال الآخرين عند تلقينه بدنياً (م)	
٦ – د	يطيع الأوامر بشكل عام في الأنشطة الصفية (م)	
٦ – م	**يجلس ضمن مجموعة عند تناول الوجبات الخفيفة أو الغداء،بدون سلوكيات سلبية ولمدة ٣ دقائق (م)**	

تحليل المهام وتتبع المهارات: المستوى الثاني (١٨-٣٠ شهراً)

أسلوب التقييم: الاختبار المباشر(!) المراقبة (م) اختبار أو مراقبة (إ، م) المراقبة الموقوتة (م م)

المهارة	المهارات الجماعية والروتين الصفي – المستوى الثاني (تابع)	تحقق
٧ – أ	لا يحاول الابتعاد عند جلوس أحد أقرانه بجانبه (م)	
٧ – ب	يضع أغراضه الشخصيّة في المكان المخصص، مثل: المعطف، الحقيبة، صندوق الغذاء، مع التلقين الإيمائي والتلقين اللفظي (م)	
٧ – ج	يذهب للجلوس مع الأطفال الآخرين على طاولة مع التلقين اللفظي فقط (م)	
٧ – د	يتعاون في غسل يديه مع التلقين البدني (م)	
٧ – ه	لا يبدي سلوكاً سلبياً تجاه أقرانه عند جلوسه بجانب أحدهم (م)	
٧ - م	**يضع أغراضه الشخصيّة في أماكنها، ويصطف في الطابور، ويأتي إلى الطاولة، باستخدام تلقين لفظي واحد (م)**	
٨ – أ	يذهب إلى مجموعة الدائرة الصباحية ويجلس، مع التلقين اللفظي فقط (م)	
٨ – ب	يذهب ويجلس على الطاولة أو مكان العمل، مع التلقين اللفظي فقط (م)	
٨ – ج	بينما يجلس على الطاولة، ينتظر بدون لمس الأشياء، لحين السماح له بذلك (م)	
٨ – د	يجلس في المجموعات لدقيقتين بدون إبداء أي سلوك مزعج، وبدون تلقين ليبقى جالساً (م)	
٨ – م	**ينتقل ما بين الأنشطة الصفية، باستخدام ما لا يزيد عن تلقين إيمائي أو تلقين لفظي واحد (م)**	
٩ – أ	بعد انتهاء وقت اللعب الخارجي، يذهب للداخل مع التلقين اللفظي فقط (م)	
٩ – ب	يشارك في الأنشطة الجماعية الحركية التي تصاحب الأغاني، مع التلقين اللفظي فقط، مثل: لعبة الحلقة الدوارة، طاق طاق طاقية (م)	
٩ – ج	يقلّد باستخدام الأدوات خلال الأنشطة الجماعية، مثل: ضرب العصي الموسيقية مع بعضها البعض، هز الطبلة (م)	
٩ – د	يغنّي الأغاني البسيطة مع المجموعة، ومع التلقين اللفظي فقط (م)	
٩ – م	**يجلس في المجموعات الصغيرة لمدة ٥ دقائق، بدون سلوك سلبي أو محاولة ترك المجموعة (م)**	
١٠ – أ	يأخذ الصينية أو الصحن إلى مكان الجلى ويضع الأوساخ في سلة المهملات، مع التلقين اللفظي (م)	
١٠ – ب	يحضر صندوق طعامه مع التلقين اللفظي (م)	
١٠ – ج	يضع حقيبته وصندوق طعامه ومعطفه في أماكنهم عند دخوله إلى الغرفة الصفية، مع التلقين الجماعي (إ، م)	
١٠ – د	يخرج الطعام من الصندوق، ويفتح الأوعية أو الأكياس لمعظم الوجبات الخفيفة الخاصة به لوحده (م)	
١٠ – ه	يستجيب لفظياً في المجموعات، مرتين خلال ٥ دقائق (م)	
١٠ – و	يقلّد الأقران عند غنائهم أو قيامهم بأي نشاط آخر في المجموعات، مرتين خلال ٥ دقائق (م)	
١٠ – ز	يجلس على المرحاض بدون سلوك سلبي عند تلقينه، قد يكون بدون حصول تبول (م)	
١٠ – م	**يجلس في المجموعات الصغيرة لمدة ١٠ دقائق، وينتبه للمعلم أو المادة المعروضة بنسبة ٥٠% من الوقت، ويتجاوب مع ٥ مثيرات مميزة يقدّمها المعلم (م)**	

أسلوب التقييم: الاختبار المباشر(إ) المراقبة (م) اختبار أو مراقبة (إ، م) المراقبة الموقوتة (م م)

المهارة	قواعد البنية اللغوية – المستوى الثاني	تحقق
	(ملاحظة: يبدأ هذا المجال في المستوى الثاني)	
٦ – م	**يستطيع الآخرون فهم ١٠ مسميات للطفل من خلال لفظه لها بوضوح، وبدون رؤية الآخرين لما يسمّيه الطفل (إ)**	
٧ – أ	يستخدم الكلمات المفهومة بشكل أكبر من استخدامه للكلام غير المفهوم (م)	
٧ – ب	يصدر عبارات تتكون من ٢-٣ كلمات بدون فهم كل الكلمات، مثل: "انها قطة"، "اذهب في نزهة؟" (م)	
٧ – ج	لديه محصول لفظي بما يقارب ٥٠ كلمة (من جميع الإجراءات اللفظية ما عدا التكرار) (إ، م)	
٧ - م	**يظهر استيعابه لـ ١٠٠ كلمة من خلال مهارات استجابة المستمع، مثل سؤاله: "المس أنفك"، "اقفز"، "اعثر على المفاتيح" (إ)**	
٨ – أ	يطلب تكرار الحدث باستخدام كلمتين، مثل: "أريد الدغدغة" (إ، م)	
٨ – ب	يصدر كلمتين (اسم-فعل أو فعل-اسم) للطلب أو التسمية، مثل: "اسكب العصير"، "الطفل يبكي" (إ، م)	
٨ – ج	يؤقلم حدّة صوته حسب ما يطلب منه، مثلا: يهمس، أو يستخدم الصوت المرتفع (م)	
٨ – د	يكرّر ١٠ إيقاعات أو نغمات أو ترانيم مختلفة (م)	
٨ – م	**يقول ١٠ عبارات تتكون من كلمتين في اليوم الواحد، وقد تكون من أيّ نوع من الإجراءات اللفظية، مثل: الطلب أو التسمية، إنما باستثناء التكرار اللفظي (إ، م)**	
٩ – أ	ينطق الحرف الأول من الكلمات بشكل ثابت (م)	
٩ – ب	يطلب باستخدام كلمتين لإظهار الملكية، مثل: "هذه كعكتي"، "هذه لي" (إ، م)	
٩ – ج	يقول كلمتين لطلب أو تسمية مكان ما، مثل: "تعال هنا"، "هناك توماس" (إ، م)	
٩ – د	يصدر طلبين بصيغة الرفض، بحيث تحتوي العبارة على كلمتين، مثل: "لا بارني"، "لا حذاء"، "لا مزيد" (م)	
٩ – ه	يجمع كلمتين لعمل كلمة أو عبارة جديدة، مثل: "آنسة مريم" (م)	
٩ – م	**يستخدم الإيقاع أو الشِدة أو التنغيم أثناء الكلام، وذلك في ٥ مناسبات في يوم واحد، مثلا: يشدّد على كلمات معينة في عبارات مختلفة، مثل: "هذه لي!" (م)**	
١٠ – أ	يكرّر معظم الكلمات أو ما يقاربها عند الطلب منه ذلك (أي لديه محصول تكرار لفظي معمّم)، ولكنه قد يخطئ في لفظ بعض الأصوات (إ، م)	
١٠ – ب	يستطيع الغرباء فهم ٥٠% من الكلمات التي يصدرها (إ، م)	
١٠ – ج	لديه محصول استيعابي بما يقارب ٤٠٠ كلمة (إ، م)	
١٠ – د	يكون متوسط عدد الكلمات في جمله ما يعادل كلمتين ونصف، مثل: "ادفع سيارة"، "أين ذهبت ماما؟" (إ، م)	
١٠ – م	**لديه محصول لفظي بما يقارب ٣٠٠ كلمة (أيّ من الإجراءات اللفظية باستثناء التكرار) (إ، م)**	

نموذج تحليل المهام وتتبع المهارات الداعمة لبرنامج السلوك اللفظي: المستوى الثالث

اسم الطالب:								
تاريخ الميلاد:								
العمر وقت التقييم:	١		٢		٣		٤	

المفتاح:	النتيجة	التاريخ	اللون	المُقيم
أول تقييم:				
ثاني تقييم:				
ثالث تقييم:				
رابع تقييم:				

الطلب	التسمية	استجابة المستمع	الإدراك البصري	لعب مستقل	لعب اجتماعي	الكتابة	القراءة	استجابة متعلقة بخصائص	رد مبني على السياق	الروتين الصفي	القواعد	الحساب
١٥-م	١٥-م	١٥-م	١٥-م	١٥-م	١٥-م	١٥-م	١٥-م	١٥-م	١٥-م	١٠-م	١٥-م	١٥-م
١٥-هـ	١٥-ز	١٥-هـ	١٥-د	١٥-هـ	١٥-ز	١٥-ج	١٥-و	١٥-هـ	١٥-ك	١٠-ح	١٥-ز	١٥-و
١٥-د	١٥-و	١٥-د	١٥-ج	١٥-د	١٥-و	١٥-ب	١٥-هـ	١٥-د	١٥-ي	١٠-ز	١٥-و	١٥-هـ
١٥-ج	١٥-هـ	١٥-ج	١٥-ب	١٥-ج	١٥-هـ	١٥-أ	١٥-د	١٥-ج	١٥-ط	١٠-و	١٥-هـ	١٥-د
١٥-ب	١٥-د	١٥-ب	١٥-أ	١٥-ب	١٥-د		١٥-ج	١٥-ب	١٥-ح	١٠-هـ	١٥-د	١٥-ج
١٥-أ	١٥-ج	١٥-أ		١٥-أ	١٥-ج		١٥-ب	١٥-أ	١٥-ز	١٠-د	١٥-ج	١٥-ب
	١٥-ب				١٥-ب		١٥-أ		١٥-و	١٠-ج	١٥-ب	١٥-أ
	١٥-أ				١٥-أ				١٥-هـ	١٠-ب	١٥-أ	
									١٥-د	١٠-أ		
									١٥-ج			
									١٥-ب			
									١٥-أ			
١٤-م	١٤-م	١٤-م	١٤-م	١٤-م	١٤-م	١٤-م	١٤-م	١٤-م	١٤-م	١٤-م	١٤-م	١٤-م
١٤-د	١٤-هـ	١٤-د	١٤-د	١٤-د	١٤-هـ	١٤-د	١٤-هـ	١٤-و	١٤-ك	١٤-و	١٤-هـ	١٤-هـ
١٤-ج	١٤-د	١٤-ج	١٤-ج	١٤-ج	١٤-د	١٤-ج	١٤-د	١٤-هـ	١٤-ي	١٤-هـ	١٤-د	١٤-د
١٤-ب	١٤-ج	١٤-ب	١٤-ب	١٤-ب	١٤-ج	١٤-ب	١٤-ج	١٤-د	١٤-ط	١٤-د	١٤-ج	١٤-ج
١٤-أ	١٤-ب	١٤-أ	١٤-أ	١٤-أ	١٤-ب	١٤-أ	١٤-ب	١٤-ج	١٤-ح	١٤-ج	١٤-ب	١٤-ب
	١٤-أ				١٤-أ		١٤-أ	١٤-ب	١٤-ز	١٤-ب	١٤-أ	١٤-أ
								١٤-أ	١٤-و	١٤-أ		
									١٤-هـ			
									١٤-د			
									١٤-ج			
									١٤-ب			
									١٤-أ			
١٣-م	١٣-م	١٣-م	١٣-م	١٣-م	١٣-م	١٣-م	١٣-م	١٣-م	١٣-م	١٣-م	١٣-م	١٣-م
١٣-و	١٣-و	١٣-هـ	١٣-د	١٣-هـ	١٣-هـ	١٣-د	١٣-هـ	١٣-ح	١٣-ط	١٣-د	١٣-هـ	١٣-د
١٣-هـ	١٣-هـ	١٣-د	١٣-ج	١٣-د	١٣-د	١٣-ج	١٣-د	١٣-ز	١٣-ح	١٣-ج	١٣-د	١٣-ج
١٣-د	١٣-د	١٣-ج	١٣-ب	١٣-ج	١٣-ج	١٣-ب	١٣-ج	١٣-و	١٣-ز	١٣-ب	١٣-ج	١٣-ب
١٣-ج	١٣-ج	١٣-ب	١٣-أ	١٣-ب	١٣-ب	١٣-أ	١٣-ب	١٣-هـ	١٣-و	١٣-أ	١٣-ب	١٣-أ
١٣-ب	١٣-ب	١٣-أ		١٣-أ	١٣-أ		١٣-أ	١٣-د	١٣-هـ		١٣-أ	
١٣-أ	١٣-أ							١٣-ج	١٣-د			
								١٣-ب	١٣-ج			
								١٣-أ	١٣-ب			
									١٣-أ			
١٢-م	١٢-م	١٢-م	١٢-م	١٢-م	١٢-م	١٢-م	١٢-م	١٢-م	١٢-م	١٢-م	١٢-م	١٢-م
١٢-هـ	١٢-ز	١٢-و	١٢-د	١٢-د	١٢-و	١٢-و	١٢-هـ	١٢-و	١٢-ز	١٢-د	١٢-د	١٢-د
١٢-د	١٢-و	١٢-هـ	١٢-ج	١٢-ج	١٢-هـ	١٢-هـ	١٢-د	١٢-هـ	١٢-و	١٢-ج	١٢-ج	١٢-ج
١٢-ج	١٢-هـ	١٢-د	١٢-ب	١٢-ب	١٢-د	١٢-د	١٢-ج	١٢-د	١٢-هـ	١٢-ب	١٢-ب	١٢-ب
١٢-ب	١٢-د	١٢-ج	١٢-أ	١٢-أ	١٢-ج	١٢-ج	١٢-ب	١٢-ج	١٢-د	١٢-أ	١٢-أ	١٢-أ
١٢-أ	١٢-ج	١٢-ب			١٢-ب	١٢-ب	١٢-أ	١٢-ب	١٢-ج			
	١٢-ب	١٢-أ			١٢-أ	١٢-أ		١٢-أ	١٢-ب			
	١٢-أ								١٢-أ			
١١-م	١١-م	١١-م	١١-م	١١-م	١١-م	١١-م	١١-م	١١-م	١١-م	١١-م	١١-م	١١-م
١١-هـ	١١-ط	١١-و	١١-د	١١-د	١١-هـ	١١-ز	١١-ج	١١-و	١١-ح	١١-د	١١-د	١١-هـ
١١-د	١١-ح	١١-هـ	١١-ج	١١-ج	١١-د	١١-و	١١-ب	١١-هـ	١١-ز	١١-ج	١١-ج	١١-د
١١-ج	١١-ز	١١-د	١١-ب	١١-ب	١١-ج	١١-هـ	١١-أ	١١-د	١١-و	١١-ب	١١-ب	١١-ج
١١-ب	١١-و	١١-ج	١١-أ	١١-أ	١١-ب	١١-د		١١-ج	١١-هـ	١١-أ	١١-أ	١١-ب
١١-أ	١١-هـ	١١-ب			١١-أ	١١-ج		١١-ب	١١-د			١١-أ
	١١-د	١١-أ				١١-ب		١١-أ	١١-ج			
	١١-ج					١١-أ			١١-ب			
	١١-ب								١١-أ			
	١١-أ											

تحليل المهام وتتبع المهارات: المستوى الثالث (٣٠-٤٨ شهراً)

أسلوب التقييم: الاختبار المباشر(!) المراقبة (م) اختبار أو مراقبة (إ، م) المراقبة الموقوتة (م م)

المهارة	الطلب – المستوى الثالث	تحقق
١١ – أ	يطلب من أقرانه ٥ مرات (م)	
١١ – ب	يطلب الاهتمام عفوياً ٥ مرات، مثلاً: "معلمتي!"، "لو سمحت!" (م)	
١١ – ج	يصدر عنه ما يقارب ١٠٠ طلب أو أكثر خلال أسبوع (م م: أسبوع)	
١١ – د	يطلب باستخدام العبارات التي تتكون من ٣ كلمات ١٠ مرات، مثل: "هل أستطيع أن المشاهدة؟" (م)	
١١ – ه	يطلب معززات بعدد محدد مرتين، مثل: "قطعتي حلوى" (م)	
١١ – م	**يطلب بعفويّة المعلومات الشفوية، باستخدام أدوات الاستفهام ٥ مرات، مثل: "ما اسمك؟"، "أين أذهب؟" (م م: ٦٠ دقيقة)**	
١٢ – أ	يطلب إزالة غرض غير مرغوب به أو نشاط ما مرتين، مثل: "اتركه"، "أرجعه لي" (إ، م)	
١٢ - ب	يطلب من الآخرين أداء فعل يتطلب حركتين مرتين، مثل: "تعال هنا وراقبني" (م)	
١٢ – ج	يقول رجاءً وشكرا دون تلقين لفظي مباشر، مثل سؤاله: "ماذا تقول؟" (إ، م)	
١٢ – د	يعّمم العمليات المحفزة عبر طلبين مختلفين وباستخدام نفس الكلمات، مثلاً: عندما يريد جذب الانتباه، يطلب بقوله: "هيا نرسم"، وعندما يريد التهرب من العمل يقول: "هيا نرسم" (م)	
١٢ – ه	يطلب من الآخرين مشاركته بنشاط ما مرتين، مثل: "هيا نلعب"، "ساعدني بالحفر" (م)	
١٢ – م	**يطلب بأدب إيقاف نشاطٍ، أو إزالة غرض غير محببٍ في ٥ مناسبات مختلفة، مثل: "توقف عن دفعي رجاءً"، "لا شكرًا"، "هل ممكن أن تتحرك؟" (إ، م)**	
١٣ – أ	يطلب استخدام المرحاض مرتين عفوياً (م)	
١٣ – ب	يطلب من الآخرين مراقبة سلوكه غير اللفظي مرتين، مثل: "راقبني" (م)	
١٣ – ج	يطلب من الآخرين مراقبة أغراض من حوله مرتين، مثل: "أنظر، انها شاحنة" (م)	
١٣ – د	يطلب باستخدام صفتين مختلفتين، مثل: "أريد قطعة الحلوى الحمراء المستديرة" (م)	
١٣ – ه	يطلب باستخدام ظرفي مكان مختلفين، مثل: "ضعه داخل المنزل" (م)	
١٣ – و	يطلب باستخدام حالين مختلفين، مثل: " أبطئ قليلاً" (م)	
١٣ – م	**يطلب باستخدام ١٠ صفاتٍ أو ظروف مكان أوأحوال مختلفة، مثل: "أقلامي مكسورة"، "لا تخرجه إلى الخارج"، "اذهب سريعًا"(م م: ٦٠ دقيقة)**	
١٤ – أ	يطلب مرتين التعاطف معه أو الاهتمام العاطفي من الآخرين، مثل قوله: "أنه لئيم" (م)	
١٤ – ب	يطلب من الآخرين توصيل غرض معين لشخص ما مرتين، مثل: "أعطه لساره" (إ، م)	
١٤ – ج	يطلب الإرشادات لإتمام مهمة ما مرتين، مثل: "أين أضع هذه؟"، "كيف أعملها؟" (م)	
١٤ – د	يطلب مرتين باستخدام ٣ أجزاء كلام، مثل: اسم-فعل-صفة، في جملة واحدة، مثلا: "ادفع الدراجة الكبيرة سريعاً" (م)	
١٤ – م	**يقدّم التعليمات أو الشرح لكيفية عمل شيءٍ ما، أو لكيفية المشاركة بنشاطٍ ما ٥ مرات، مثل: "ضع الصمغ أولًا ثمّ ألصقها"، "اجلس هنا، بينما أحضرُ كتابًا" (م)**	

تحليل المهام وتتبع المهارات: المستوى الثالث (٣٠-٤٨ شهراً)

أسلوب التقييم: الاختبار المباشر(إ) المراقبة (م) اختبار أو مراقبة (إ، م) المراقبة الموقوتة (م م)

المهارة	الطلب – المستوى الثالث (تابع)	تحقق
١٥ – أ	يطلب ١٠ مرات باستخدام جمل أو عبارات تشمل ٥ كلمات (م م: ٦٠ دقيقة)	
١٥ – ب	يطلب مرتين معلومات عن الأحداث المستقبلية، مثلاً: "متى سنذهب إلى الحفلة؟" (م)	
١٥ – ج	يطلب الانتباه إلى حدث خاص مرتين، مثل: "معدتي تؤلمني" (م)	
١٥ – د	يطلب المعلومات ٥ مرات باستخدام "لماذا" (م)	
١٥ – ه	يطلب المعلومات ٥ مرات باستخدام "كيف" (م)	
١٥ – م	**يطلب من الآخرين الانتباه لردوده المبنية على السياق ٥ مرات، مثل: "اسمعني..."، "سوف أخبرك..."، "هذا ما حصل..."، "إنّي أروي القصة....." (م)**	

المهارة	التسمية – المستوى الثالث	تحقق
١١ – أ	يسمي مثيرين مرتبطين بحاسة الشم، مثل: القشار، الورود (إ، م)	
١١ – ب	يكتسب ٥ تسميات جديدة خلال أسبوع دون التدريب المباشر (إ، م)	
١١ – ج	يسمي شخصين (غير أفراد العائلة) باسمهم الأول (إ، م)	
١١ – د	يسمي ٥ أصناف أو فئات، مثل: الحيوانات، المشروبات، الألعاب (إ)	
١١ – ه	يسمي ٥ أماكن، مثل: المطبخ، غرفة النوم، مكان اللعب، بيت الجد (إ)	
١١ – و	يسمي ٢٥ غرضا و/أو نشاطا من خلال الإجابة ب"نعم" أو "لا"، مثل سؤاله: "هل هذا حذائك؟"، "هل اسمها ساره؟"، (تعتبر الاستجابة ردا مبنيا على السياق بشكل جزئي، لإضافة مثير مميز لفظي للتحكم بالإجابة) (إ)	
١١ – ز	يسمي وظيفة ٢٥ غرضاً، مثلاً: عند عرض أقلام التلوين وسؤاله: "ماذا تفعل بهذه؟"، (تعتبر الاستجابة ردا مبنيا على السياق بشكل جزئي) (إ)	
١١ – ح	يسمي خاصيتين محددتين أو جزأين معينين لكل من ٢٥ غرضاً أو شخصاً، مثل: "الدولاب والأبواب" للسيارة (إ، م)	
١١ – ط	يصدر التعميمات لأمثلة جديدة على أغراض أو أنشطة، وذلك لـ٥ أغراض (إ، م)	
١١ – م	**يسمّي لون وشكل ووظيفة ٥ أغراض (١٥ تسمية) عند الخلط بطريقة عرض الأغراض والأسئلة، مثل سؤاله: "ما هو لون الثلاجة؟"، "ما هو شكل الموبايل؟"، "ماذا تفعل بالكرة؟" (إ)**	
١٢ – أ	يسمّي ٢٥ صنفا، مثلاً: يشير أحدهم إلى كلب قائلا: "الكلب من ال..."، (تعتبر الاستجابة ردا مبنيا على السياق بشكل جزئي) (إ)	
١٢ - ب	يسمّي الأخطاء أو النواقص في ١٠ صور أو أغراض، مثل: صورة وجه بدون أنف (إ)	
١٢ – ج	يسمّي صنف ووظيفة ١٠ أغراض، مثلاً: عند عرض خبز أمامه وسؤاله: "ماذا تفعل بها؟" ثم سؤاله: "الخبز نوع من أنواع ..."، (تعتبر الاستجابة ردا مبنيا على السياق بشكل جزئي) (إ)	
١٢ – د	يسمّي باستخدام ظروف المكان لتحديد الموقع، مثل سؤاله: "أين أوسكار؟"، فيجيب: "داخل صندوق النفايات"، (تعتبر الاستجابة ردا مبنيا على السياق بشكل جزئي) (إ)	
١٢ – ه	يسمّي الأشخاص باستخدام ضميرين مختلفين، مثل سؤاله: "مع من القبعة؟"، فيجيب: "معك أنت"، (تعتبر الاستجابة ردا مبنيا على السياق بشكل جزئي) (إ)	
١٢ – و	يسمّي وظيفة وخصائص وصنف ٥ أغراض عفوياً، يقول مثلا: "هذا يجب وضعه في بركة السباحة" (م)	

تحليل المهام وتتبع المهارات: المستوى الثالث (٣٠-٤٨ شهراً)

أسلوب التقييم: الاختبار المباشر(إ) المراقبة (م) اختبار أو مراقبة (إ، م) المراقبة الموقوتة (م م)

المهارة	التسمية – المستوى الثالث (تابع)	تحقق
١٢ – ز	يعمّم تسمية الوظيفة والخصائص والصنف لـ١٠ أغراض جديدة لكل مجموعة، مثلا: بعد تدريبه على أن البقرة والعصفور والقرد هم حيوانات، يسمي الطفل "الدب" على أنه حيوان من المرة الأولى (إ)	
١٢ – م	**يسمي ٤ ظروف مكان مختلفة، مثل: خارج، فوق، تحت، داخل، و ٤ ضمائر، مثل: أنا، أنت، هو، هي (إ، م)**	
١٣ – أ	يسمّي الأشخاص وفقا لجنسهم باستخدام الأربع كلمات التالية: بنت، ولد، رجل، امرأة (إ)	
١٣ – ب	يسمّي تصرفات الآخرين بعفوية مرتين، مثل: "انه يبكي" (م)	
١٣ – ج	يسمّي صفتين من صفات المقارنة، مثل: "كبير وصغير"، "طويل وقصير" (تعتبر الاستجابة ردا مبنيا على السياق بشكل جزئي، في حال استخدام أسئلة مثل: ما حجم هذه؟) (إ)	
١٣ – د	يسمّي صفتين مختلفتين عفوياً (م)	
١٣ – ه	يسمّي حالين مختلفين عفوياً (م)	
١٣ – و	يسمّي مستخدما الملكية مرتين، مثل: "لي"، "لك" (م)	
١٣ – م	**يسمّي ٤ صفات مختلفة ليست ألوان أو أشكال، مثل: كبير، صغير، طويل، قصير، وأربعة أحوال، مثل: سريع، بطيء، بهدوء، برفق (إ، م)**	
١٤ – أ	يسمّي الأشخاص مستخدما أربعة كلمات تصف صلة القرابة، مثل: "أخت"، "أخ"، "جدة"، "عم"، (تعتبر الاستجابة ردا مبنيا على السياق بشكل جزئي عند استخدام الأسئلة) (إ، م)	
١٤ – ب	يسمّي ٥ عبارات مكونة من صفة-اسم في جمل كاملة، مثل: "هذا كلب كبير" (إ، م)	
١٤ – ج	يسمّي ٥ عبارات مكونة من فعل-حال في جمل كاملة، مثل: "إنه يغني بصوت مرتفع" (إ، م)	
١٤ – د	يسمّي ٥ عبارات مكونة من ظرف مكان-اسم في جمل كاملة، مثل: "الكلب خارج المنزل" (إ، م)	
١٤ – ه	يسمّي ٥ عبارات مكونة من فعل-فاعل-اسم في جمل كاملة، مثل: "تجر الفتاة العربة" (إ)	
١٤ – م	**يسمّي باستخدام جملٍ كاملةٍ مكونةٍ من ٤ كلمات أو أكثر، ٢٠ مرة (إ، م)**	
١٥ – أ	يسمّي ٣ مشاعر له وللآخرين، مثل: "حزين"، "سعيد"، "غاضب" (يعتبر ردا مبنيا على السياق بشكل جزئي، إذا سئل: كيف تشعر؟) (إ، م)	
١٥ – ب	يطلق المسميات على٥ إيماءات ذات وظيفة لفظية كثيرة الاستخدام، مثل: الضغط على الأنف عند شم رائحة كريهة، أو وضع الأصبع على الفم لالتزام الهدوء، ورفع الإبهام عند عمل شيء جيد، أو التظاهر بالتثاؤب عند الإحساس بالنعاس (إ)	
١٥ – ج	يسمّي ٥ وظائف لأفراد في المجتمع، مثل: "شرطي"، "رجل إطفاء"، "ممرضة"، "طبيب"، "عامل نظافة" (إ)	
١٥ – د	يسمّي مستخدما كلمات للنفي ٥ مرات، مثل: "هذه ليست قطة"، "هذا غير صحيح" (إ)	
١٥ – ه	يسمّي ٥ مناسبات عامة اجتماعية، مثل: "حفلة عيد ميلاد"، "طوارئ"، "موكب" (إ)	
١٥ – و	يسمّي حدثين اجتماعيين عفوياً، مثل: "هم مشغولون"، "هم يتجادلون" (م)	
١٥ – ز	يصدر تسميات لم يتم التدرب عليها عفوياً في جمل مكونة من ٥ كلمات، ٥ مرات (م)	
١٥ – م	**يملك ما مجموعه ١٠٠٠ كلمة (اسماء، أفعال، صفات...الخ)، عبر الاختبار أو عبر قائمة التسميات المعروفة (إ)**	

تحليل المهام وتتبع المهارات: المستوى الثالث (٣٠-٤٨ شهراً)

أسلوب التقييم: الاختبار المباشر(إ)	المراقبة (م)	اختبار أو مراقبة (إ، م)	المراقبة الموقوتة (م م)

المهارة	استجابة المستمع - المستوى الثالث	تحقق
١١ - أ	يضع ٥ أغراض معينة في أماكنها المخصصة عند الطلب منه، مثل: "ضع الفرشاة بمكانها" (إ)	
١١ - ب	يميّز ٤ ألوان في مجموعة من الألوان المختلفة (إ)	
١١ - ج	يميّز ٤ أشكال في مجموعة من الأشكال المختلفة (إ)	
١١ - د	يميّز بين ظرفي مكان، مثل: داخل، فوق، أسفل (إ)	
١١ - ه	يميّز بين نفسه والآخرين عند سماع الضمائر، مثل: لك، لي (إ)	
١١ - و	يختار لونين مختلفين أو شكلين مختلفين من مجموعة مكونة من ٨ خيارات، وذلك ل١٠ أزواج، مثل: أعطني اللون الأحمر والأزرق (إ)	
١١ - م	**يختار الأغراض وفقًا للّون والشكل من مجموعة مكونة من ٦ مثيرات متشابهة، وذلك لأربعة ألوان وأربعة أشكال، مثل سؤاله: "اعثر على اللعبة الحمراء"، "اعثر على البسكويت المربع" (إ)**	
١٢ - أ	يتبع التعليمات لنقل غرض ما إلى ٥ مواقع مختلفة، مثلاً: "خذ الصينية إلى المغسلة" (إ)	
١٢ - ب	يذهب إلى ٥ مواقع مختلفة لجلب الأغراض، مثلاً: "إذهب إلى المطبخ وأحضر فنجاناً" (إ)	
١٢ - ج	يختار الأغراض من مجموعة مكونة من مثيرات متشابهة وفقاً لصفة معينة، مثلاً: "المس العصفور الصغير" (إ)	
١٢ - د	يميّز بين ولد وبنت ورجل وامرأة، مثل سؤاله: "أين البنت؟" (إ)	
١٢ - ه	يميّز بين الذكر والأنثى عند سماع الضمائر، مثل: هو وهي (إ)	
١٢ - و	يؤدي أفعالاً وفقا لحالين مختلفين، مثل: "امشي ببطء"، "امشي بسرعة" (إ)	
١٢ - م	**يتبع التعليمات التي تشمل ٦ ظروف مكان مختلفة، مثل الطلب منه: "قف خلف الكرسي"، و ٤ ضمائر مختلفة، مثل الطلب منه: "المس أذني" (إ)**	
١٣ - أ	يعمل ٣ حركات تظاهرية عند الطلب منه، مثل: "أرني وجهاً حزيناً"، "أرني وجهاً سعيداً" (إ)	
١٣ - ب	يميّز ١٠ أغراض (استجابة المستمع) وفقاً للفاعل والصفة والاسم، مثل: "أرني شعر البنت الأحمر" (إ)	
١٣ - ج	يؤدي ١٠ أفعال وفقاً للفاعل وظرف المكان والاسم، مثل: "ضع الحصان في الحضيرة" (إ)	
١٣ - د	يميّز ١٠ استجابات المستمع وفقاً للفعل والضمير والاسم، مثل: "صفف هو شعره" (إ)	
١٣ - ه	يعمّم ضمير وظرف مكان في الأوضاع الجديدة، مثلاً: يستخدم "له" بشكل صحيح مع صديق جديد (إ)	
١٣ - م	**يختار الأغراض المعروضة ضمن مجموعة من المثيرات المتشابهة وذلك لـ٤ أزواج من الصفات مثل: كبير-صغير؛ طويل-قصير، ويقوم بتنفيذ الأفعال وفقاً لـ٤ أزواج من الأحوال مثل: أكتب سريعا- امش بطيئا (إ)**	
١٤ - أ	يؤدي عشرة أفعال وفقاً للفاعل والفعل والحال، مثل: "أرني ضفدع يقفز عالياً" (إ)	
١٤ - ب	يؤدي عشرة أفعال وفقاً للفاعل والصفة والفعل، مثل: "أرني الدب الكبير الراقص" (إ)	
١٤ - ج	يميّز بين ٦ وظائف مجتمعية مختلفة وفقاً للفئة، مثل: ممرض، طبيب، ساعي البريد، سائق الباص (إ)	

تحليل المهام وتتبع المهارات: المستوى الثالث (٣٠-٤٨ شهراً)

أسلوب التقييم: الاختبار المباشر(إ) المراقبة (م) اختبار أو مراقبة (إ، م) المراقبة الموقوتة (م م)

المهارة	استجابة المستمع – المستوى الثالث (تابع)	تحقق
١٤ – د	يقوم بإتمام ١٠ مهام تشمل استخدام الكلمات: "واحد" و"اثنان" و"جميع" الأغراض (إ)	
١٤ – م	**يتبع ٣ خطوات عمل وذلك لـ ١٠ تعليمات مختلفة، مثل الطلب منه: "اجلب سترتك، وعلّقها، واجلس" (إ)**	
١٥ – أ	يميّز بين الأغراض عند استخدام كلمات الاستبعاد أو النفي، وذلك لعشر مهام، مثل: "ما هو الغرض الذي لا يؤكل؟" (إ)	
١٥ – ب	يستجيب عند سماع ٥ ميزات لأقرانه في مجموعة صغيرة، مثل: "من الذي يلبس الحذاء الأزرق؟"، "من شعره أحمر؟"، "من يلبس النظارات؟" (إ)	
١٥ – ج	يستجيب ل١٠ مهام فردية وجماعية بشكل صحيح، مثل: "المس الكلب" و"المس الكلاب" (إ)	
١٥ – د	يعمّم ٥ صفات لأسماء جديدة، مثلاً عند رؤيته لمصيدة الذباب يقول: "ذباب لاصق" (إ)	
١٥ – ه	يعمّم ٥ أحوال لأفعال جديدة، مثلاً عند رؤيته السلحفاة لأول مرة يقول: "تتحرك السلحفاة ببطء" (إ)	
١٥ – م	**لديه محصول استجابة المستمع لحوالي ١٢٠٠ كلمة (من أفعال وأسماء وصفات...الخ)، عبر الاختبار أو من خلال قائمة الكلمات المكتسبة (إ)**	

المهارة	الإدراك البصري والمطابقة مع نموذج – المستوى الثالث	تحقق
١١ – أ	يكمل ٥ أحاجي ذات القطع المتداخلة بحيث تتكون كل منها من ١٠ قطع (إ)	
١١ – ب	يكمل ٤ تصاميم هندسية مكونة من ٤ قطع وفقا لنموذج مصوّر (ثنائي الأبعاد) (إ)	
١١ – ج	يستخدم الصمغ للصق الأغراض مع بعضها دون التلقين البدني، مرتين (إ)	
١١ – د	يطابق صورة مكان ما مع صورة غير متماثلة لنفس المكان وذلك ل١٠ أماكن مختلفة، مثلاً: يطابق منطقة العاب بمنطقة العاب أخرى غير متماثلة (إ)	
١١ – م	**يطابق من خلال تقليده عفويًا ما فعله شخص آخر في نشاط فني مرتين، مثلًا: عند تلوين أحد أقرانه لكرة باللون الأحمر؛ يقوم الطفل بتلوين كرته بالمثل (م)**	
١٢ – أ	يفرز ٥ أغراض متشابهة من ٣ أصناف مختلفة بوجود نموذج للاستجابة، مثلاً: يخرج جميع السيارات من صندوق ألعاب (إ)	
١٢ - ب	بعد ٥ ثوانٍ من رؤيته للغرض، يطابق الغرض مع آخر غير متماثل معروض في مجموعة غير منسقة مكونة من ٦ أغراض، مثلاً: تعرض صورة نمر للطفل ومن ثم يتم إبعادها، وتعرض المجموعة بعد ٥ ثوانٍ للمطابقة (إ)	
١٢ – ج	يكمل ٨ تصاميم مختلفة باستخدام ٦ مكعبات وفقا لنماذج ثنائية الأبعاد (إ)	
١٢ – د	يطابق عمل تصميم ثلاثي الأبعاد باستخدام ٤ أشكال مكعبات، مثل: بيت أو برج (إ)	
١٢ – م	**يعمّم المطابقة للأغراض غير المتماثلة المعروضة ضمن مجموعات غير منسقة مكونة من ١٠ خيارات، وبوجود ٣ مثيرات متشابهة، وذلك لـ ٢٥ غرضا (أي يطابق الأغراض الجديدة من المحاولة الأولى) (إ)**	
١٣ – أ	يستخدم المقص لقص ٥ أغراض بدون تلقين بدني (إ)	

تحليل المهام وتتبع المهارات: المستوى الثالث (٣٠-٤٨ شهراً)

أسلوب التقييم: الاختبار المباشر(إ) المراقبة (م) اختبار أو مراقبة (إ، م) المراقبة الموقوتة (م م)

المهارة	الإدراك البصري والمطابقة مع نموذج – المستوى الثالث (تابع)	تحقق
١٣ – ب	يجهّز طاولة لشخصين مستخدما ٦ صحون وأواني (إ)	
١٣ – ج	يرتّب ٣ مجموعات مختلفة وفقاً للحجم (بالتسلسل) (إ)	
١٣ – د	يقلّد نموذج من المكعبات أو عمل مشابه باستخدام ما لا يقل عن ٦ أجزاء	
١٣ – م	**يكمل ٢٠ تصميمًا من المكعبات الخشبية أو الأحاجي الهندسية أو مهام مشابهة، باستخدام ما لا يقل عن ٨ قطع (إ)**	
١٤ – أ	يكمل أحجية على شكل جسم الإنسان باستخدام ما لا يقل عن ٦ أجزاء (إ)	
١٤ – ب	يطابق ٢٥ غرضا مترابطا في مجموعات غير منسقة مكونة من ٦ خيارات ومن بينها ٣ مثيرات متشابهة (إ)	
١٤ – ج	يكمل ١٠ متسلسلات مختلفة، مثل: من الجزء إلى الكل، من الصغير إلى الكبير (إ)	
١٤ – د	يلعب لعبة تذكّر الصور، بوجود صور متماثلة (إ)	
١٤ – م	**يفرز ٥ أغراض من أصناف مختلفة دون أن يُقدّم له نموذج للاستجابة، مثل: الحيوانات، الملابس، الأثاث (إ)**	
١٥ – أ	يكمل نمط ثنائي لـ٥ ألوان أو أشكال مختلفة، مثل: أحمر أخضر، أحمر أخضر (إ)	
١٥ – ب	يكمل نمط ثنائي لـ٥ أنماط صورية مختلفة (إ)	
١٥ – ج	يرتب ٣ صور بالتسلسل الصحيح، وذلك لـ٥ مجموعات (إ)	
١٥ – د	يبني ٥ مشاهد من قطع الكرتون (أو ما يشابهها) باستخدام ٥ أجزاء لكل مشهد، مثل: مزرعة أو حفلة (إ)	
١٥ – م	**يكمل ٢٠ نمطاً أو متتالية أو متسلسلة تتطلب كل منها ثلاث خطوات، مثل: نجمة-مثلث-قلب؛ نجمة-مثلث- .....(إ)**	

المهارة	اللعب المستقل – المستوى الثالث	تحقق
١١ – أ	يركب دراجته ويتحرك حول العوائق، مثلاً: يحرّك الدراجة حول عمود (م)	
١١ – ب	يطابق أثناء أنشطة اللعب، مثلاً: يضع البيض في كرتونة البيض، أو يعطي زجاجة الرضاعة للدمية (م)	
١١ – ج	يحضر الألعاب ويلعب لوحده لدقيقتين (م)	
١١ – د	يغني أو يتمتم أو يعيد كلمات قليلة من الأغاني المعروفة عند قيامه بنشاط ما (م)	
١١ – م	**يتفاعل عفويًا باللعب التظاهري أو المبني على الخيال في ٥ مناسبات، مثل: لعبة اللباس التنكري، حفلة تظاهرية مع الدمى، التظاهر بالطبخ (م)**	
١٢ – أ	يكمل نشاطاً له منتج نهائي، مثلاً: يبني مجسماً باستخدام المكعبات (الليغو)، أو يعمل قلادة باستخدام الخرز ويلبسها (م)	
١٢ - ب	يلون صورة في دفتر الألوان أو على ورقة (م)	
١٢ – ج	يجلس وينظر إلى كتاب لمدة ٥ دقائق (م)	

تحليل المهام وتتبع المهارات: المستوى الثالث (٣٠-٤٨ شهراً)

أسلوب التقييم: الاختبار المباشر(إ) المراقبة (م) اختبار أو مراقبة (إ، م) المراقبة الموقوتة (م م)

المهارة	اللعب المستقل – المستوى الثالث (تابع)	تحقق
١٢ – د	يتجاوب مع تعليمات مقدمة من الأقران أثناء لعبهم في نفس المكان (م)	
١٢ – م	**يكرّر سلوكًا حركيًّا كبيرًا للحصول على نتيجة أفضل لنشاطين، مثل: رمي الكرة في السلة، التلويح بالمضرب لصد الكرة، هز الأرجوحة (م)**	
١٣ – أ	يستخدم المواد المتعلقة بإنجاز الأعمال الفنية بشكل مناسب، مثلاً: يقص باستخدام المقص، يستخدم الصمغ (م)	
١٣ – ب	ينتظر دوره في الأنشطة، مثلاً: ينتظر نزول طفل آخر عن الأرجوحة، أو ينتظر دوره عند القيام بنشاط جماعي (م)	
١٣ – ج	يرسم أغراض معروفة بشكل مستقل (م)	
١٣ – د	يعرض مشروعاً أتمّه على شخص بالغ أو أحد أقرانه، مثل: مشروع فني (م)	
١٣ – ه	يلوّن الصور في كتاب التلوين، مع البقاء ضمن إطار الصورة (م)	
١٣ – م	**ينخرط بالأعمال الفنية والحرفية بشكل مستقل لمدة ٥ دقائق، مثل: الرسم، التلوين، القص، الإلصاق (م)**	
١٤ – أ	يصدر ردوداً مناسبة عند إيقاف النشاط أو مقاطعته، مثلاً: يتوقف الطفل عن اللعب عند الطلب منه (م)	
١٤ – ب	يتبع إجراءات السلامة، مثل: عدم إلقاء الأغراض على الأطفال الآخرين، أو التسلق بعيداً في الألعاب المخصصة لذلك (م)	
١٤ – ج	يتظاهر بكتابة ملاحظة (م)	
١٤ – د	يحضر الأغراض، والمجموعات، ويكمل الأعمال، ويتوقف عن اللعب (مع تلقين) بشكل مستقل (م)	
١٤ – م	**ينخرط بأنشطة اللعب لمدة ١٠ دقائق مستمرة بدون تلقين أو معزّزات من البالغين، مثل: اللعب باللوح والطبشور، لعبة ارتداء الملابس التنكرية (م)**	
١٥ – أ	يبدي اهتماماً بالأنشطة البدنية الأكثر تحدياً، مثل: ركوب الدراجة الرباعية، والزلاجات، ولعب الغولف (م)	
١٥ – ب	يساعد في الأنشطة اليومية عفوياً، مثل: تحضير طاولة الطعام، وزراعة البذور في الحديقة، وتصنيف الجوارب (م)	
١٥ – ج	يتفاعل بالأنشطة غير المفضلة للحصول إلى الأنشطة المرغوب بها (م)	
١٥ – د	يلعب الألعاب الالكترونية على جهاز الحاسوب أو على غيره من الأجهزة بتمكّن (م)	
١٥ – ه	يحل المشاكل المتعلقة باللعب بشكل مستقل، مثل: إخراج لعبة عالقة (م)	
١٥ – م	**يرسم أو يكتب على الكرّاسات التعليمية بشكل مستقل لمدة ٥ دقائق، مثل: توصيل الخطوط من نقطة إلى نقطة، ألعاب المطابقة، المتاهات، تتبّع الأحرف والأرقام (م)**	

المهارة	السلوك الاجتماعي واللعب الاجتماعي – المستوى الثالث	تحقق
١١ – أ	يشارك في الأنشطة الجماعية عبر تلقينه مرتين من قبل البالغين، مثل: الامساك بمظلة (م)	
١١ – ب	يطلب من أقرانه أن يتوقفوا عن القيام بسلوك يزعجه، مرتين (م)	

تحليل المهام وتتبع المهارات: المستوى الثالث (٣٠-٤٨ شهراً)

أسلوب التقييم: الاختبار المباشر(إ) المراقبة (م) اختبار أو مراقبة (إ، م) المراقبة الموقوتة (م م)

المهارة	السلوك الاجتماعي واللعب الاجتماعي – المستوى الثالث (تابع)	تحقق
١١ – ج	ينتظر دوره عبر معزز وبدون سلوك سلبي، مرتين (م)	
١١ – د	يوافق على المشاركة بنشاط لعب اجتماعي مع أقرانه، مرتين (م)	
١١ – ه	يطلب من أقرانه عبر أسئلة الاستفهام، مرتين، مثل: أين المجرفة؟ ما اسمك؟ (م)	
١١ – م	**يتعاون مع أحد أقرانه عفويًا لاكمال ٥ مهام مختلفة،مثلًا: يمسك الطفل دلو الماء بينما يسكب الطفل الآخر الماء فيه (إ، م)**	
١٢ – أ	يقلد سلوك أحد أقرانه عفوياً عند اللعب التظاهري، مرتين (م)	
١٢ - ب	يطلب معرفة مكان أحد الأقران عفوياً، مرتين (م)	
١٢ – ج	يطلب باستخدام السلوك المتبع من قبل أحد أقرانه، مرتين (م)	
١٢ – د	لديه "صديق مفضل"، مثلاً: يلعب مع طفل معين (م)	
١٢ – ه	يتفاعل بما لا يقل عن ٣ تبادلات لفظية مع أقرانه (م)	
١٢ – م	**يطلب بعفوية من أقرانه طلبات مختلفة باستخدام أدوات الاستفهام خمس مرات، مثل: "أين أنت ذاهب؟"، "ما هذا؟"، "من تريد أن تكون؟" (م م: ٦٠ دقيقة)**	
١٣ – أ	يستخدم "لو سمحت" و "شكراً" مع البالغين أو الأقران، مرتين (م)	
١٣ – ب	يتبادل الحوارات اللفظية مع الأقران، مرتين (م)	
١٣ – ج	يتبع التعليمات المقدمة من قبل الأقران خلال أنشطة اللعب الاجتماعي، مرتين (م)	
١٣ – د	يعطي التعليمات للأقران في أنشطة اللعب الاجتماعي، مرتين (م)	
١٣ – ه	يقدم معززاً (مشاركة) لأحد أقرانه، مرتين (م)	
١٣ – م	**يستجيب من خلال الرد المبني على السياق على خمسة أسئلة أو عبارات من أقرانه، مثلاً: يستجيب لفظيًا عندما يسأله أحد الأقران: "ماذا تريد أن تلعب؟" (إ، م)**	
١٤ – أ	يشارك في الألعاب الاجتماعية الموجهة من قبل أحد الأقران، مثل: حامي / بارد، مرتين (م)	
١٤ – ب	يطلب معرفة اسم طفل جديد أو غير معروف مرة واحدة بعفوية (م)	
١٤ – ج	يتبادل الأدوار ويتشارك بالمعززات مع الأقران دون تلقين، مرتين (م)	
١٤ – د	يضحك أو يبتسم عند سماع نكته مضحكة من قبل أقرانه، مرتين (م)	
١٤ – ه	يسأل أقرانه عن اهتماماتهم مرة واحدة (م)	
١٤ – م	**يتفاعل باللعب التظاهري مع الأقران لمدة ٥ دقائق بدون تلقين من البالغين، يشارك مثلا: بلعبة اللبس التنكري، بتمثيل الفيديوهات، بلعبة المنزل (م)**	
١٥ – أ	يتفاعل مستخدما ما لا يقل عن ٣ حوارات تبادلية مع الأقران، مرتين (م)	
١٥ – ب	يتفاعل بالحوار مع ٢ أو أكثر من أقرانه في الجلسة الواحدة، مرتين (م)	
١٥ – ج	يتقبل أخذ الأقران المعززات التي بحوزته، مرتين (م)	
١٥ – د	ينتبه إلى أحد أقرانه عند روايته لقصة لمدة ١٠ ثوان، مرتين (م)	

أسلوب التقييم: الاختبار المباشر(إ) المراقبة (م) اختبار أو مراقبة (إ، م) المراقبة الموقوتة (م م)

١٥ – ه	يروي نشاط عمله مع أحد أقرانه باستخدام ما لا يقل عن تسميتين، مرتين (م)	
١٥ – و	يتعاطف عفوياً عند تعرّض أحد أقرانه للأذى، مرتين (م)	
١٥ – ز	يفاوض أحد أقرانه لكسب المزيد من الوقت مع معزّز ما، مرتين (م)	
١٥ – م	**يتحاور باستخدام ٤ تبادلات لفظية متعلقة بموضوع واحدٍ مع أقرانه، وذلك لـ٥ مواضيع مختلفة، مثلًا: يتناقش الأطفال على طريقة بناء قلعة من الرمل (م)**	

المهارة	استجابة المستمع المتعلقة بالوظيفة والخصائص والصنف – المستوى الثالث	تحقق
١١ – أ	يختار غرضين من كل صنف من مجموعة مكونة من ١٠ خيارات، مثل سؤاله: "ابحث عن جزأين من أجزاء الجسم"، وذلك ل ٢٥ صنفا (إ)	
١١ – ب	يختار ٥٠ غرضا من كتاب عبر استجابة المستمع المتعلقة بالوظيفة والخصائص والصنف (إ)	
١١ – ج	يختار ٥٠ غرضا من البيئة الطبيعية أو من خلال الأنشطة العملية، مثل: ترتيب الطاولة، وذلك من خلال أي مهمة تتطلب استجابة مستمع متعلقة بالوظيفة والخصائص والصنف (إ)	
١١ – د	يقدّم ٢٠٠ استجابة مستمع مختلفة متعلقة بالوظيفة والخصائص والصنف، تم اختبارها أوعبر قائمة الردود المكتسبة (إ)	
١١ – ه	يختار صورة تدل على الخطوة التالية في سلسلة أحداث، مثل سؤاله: "أولاً تقوم بوضع الماء في الوعاء، ثم ..."، وذلك ل١٠ متسلسلات (إ)	
١١ – و	يختار صورة من مجموعة مكونة من ١٠ خيارات، عبر سؤال عام عن الوقت، مثل سؤاله: "في أي وقت تذهب للنوم؟"، فيختار الطفل صورة الليل، وذلك لـ٥ أغراض (إ)	
١١ – م	**يختار الغرض الصحيح المعروض ضمن مجموعة مكونة من ١٠ أغراض، بحيث تشمل المجموعة ٣ مثيرات متشابهة، مثل: أغراض بنفس اللون أو الشكل أو الصنف، ولكنها خيارات خاطئة، وذلك لـ٢٥ سؤالًا متعلقًا بالوظيفة والخصائص والصنف (إ)**	
١٢ – أ	يختار غرضا محدّدا بلون وصنف من مجموعة مكونة من ١٠ خيارات، مثل سؤاله عن الحيوان الأصفر، وذلك ل ٢٥ غرضا (إ)	
١٢ - ب	يختار غرضا محدّدا بالشكل والصنف من مجموعة مكونة من ١٠ خيارات، مثل سؤاله عن طعام مستدير، وذلك ل ٢٥ غرضا (إ)	
١٢ – ج	يختار غرضا محدّدا بالوظيفة والصنف من مجموعة مكونة من ١٠ خيارات، وذلك ل ٢٥ استجابة مستمع متعلقة بالوظيفة والخصائص والصنف، مثل الطلب منه: "اعثر على غرض لتلّون عليه من خزانة الأدوات الفنية" (إ)	
١٢ – د	يختار غرضا محدّدا بالخصائص والصنف من مجموعة مكونة من ١٠ خيارات، وذلك ل ٢٥ استجابة مستمع متعلقة بالوظيفة والخصائص والصنف، مثل سؤاله: "أين وسيلة النقل التي لديها إطارات؟"، "أين وسيلة النقل التي لديها أجنحة؟" (إ)	
١٢ – ه	يختار غرضا محدّدا بالخصائص (باستثناء اللون والشكل) والوظيفة، من مجموعة مكونة من ١٠ خيارات، وذلك لـ٢٥ استجابة مستمع متعلقة بالوظيفة والخصائص والصنف، مثل سؤاله: "إنها ساخنة ويمكن أكلها..."، فيختار المعكرون (إ)	
١٢ – و	يختار غرضا محدّدا بالخصائص (باستثناء اللون والشكل) وصفة معينة، من مجموعة مكونة من ١٠ خيارات، وذلك لـ٢٥ استجابة مستمع متعلقة بالوظيفة والخصائص والصنف، مثل سؤاله: "إنه ناعم الملمس ولديه أذنين..."، فيختار الأرنب (إ)	

أسلوب التقييم: الاختبار المباشر(إ) المراقبة (م) اختبار أو مراقبة (إ، م) المراقبة الموقوتة (م م)

المهارة	استجابة المستمع المتعلقة بالوظيفة والخصائص والصنف – المستوى الثالث (تابع)	تحقق
١٢ – م	**يختار الأغراض من كتاب وفقًا لمكونين لفظيين: إما لخاصية مثل اللون، أو لوظيفة مثل الرسم، أو لصنف مثل الملابس. وذلك لـ ٢٥ غرضًا، مثل سؤاله: "هل ترى حيوانًا بني اللون؟"، "هل يمكنك العثور على ملابس بأزرار؟" (إ)**	
١٣ – أ	يختار غرضا من كتاب بعد قراءة فقرة (تتكون من ١٠ كلمات أو أكثر)، وعبر سؤال استفهام يختص بمهام استجابة المستمع المتعلقة بالوظيفة والخصائص والصنف، مثل سؤاله: "من نفخ على المنزل وهدمه؟" (إ)	
١٣ – ب	يختار غرضا من مجموعة مكونة من ١٠ خيارات، عبر استخدام ظروف المكان مع أي سؤال استفهام يختص بمهام استجابة المستمع المتعلقة بالوظيفة والخصائص والصنف، مثل سؤاله: "ماذا يوجد فوق السقف؟"، وذلك لـ٢٥ غرضا (إ)	
١٣ – ج	يختار غرضا من مجموعة مكونة من ١٠ خيارات، عبر استخدام ضمير مع أي سؤال استفهام يختص بمهام استجابة المستمع المتعلقة بالوظيفة والخصائص والصنف، مثل سؤاله: "أي الألعاب تخصه؟"، وذلك لـ ٢٥ غرضا (إ)	
١٣ – د	يختار غرضا من مجموعة مكونة من ١٠ خيارات، عبر استخدام حال مع أي سؤال استفهام يختص بمهام استجابة المستمع المتعلقة بالوظيفة والخصائص والصنف، مثل سؤاله: "أي الحيوانات يركض سريعاً؟"، وذلك لـ ٢٥ غرضا (إ)	
١٣ – ه	يختار من كتاب عند سؤاله عن عمل الأشخاص، مثلاً سؤاله: "من يساعدك عندما تكون مريضاً؟"، وذلك لـ١٠ وظائف عامة (إ)	
١٣ – و	يختار غرضين مختلفين من مجموعة مكونة من ١٠ خيارات، عبر سؤاله عن صنفين أو خاصيتين مختلفتين، مثل سؤاله: "هل تستطيع أن تعثر على فاكهة و لحمة؟"، وذلك لـ٢٥ استجابة (إ)	
١٣ – ز	يختار مكاناً من مجموعة مكونة من ١٠ خيارات، عندما يعطى غرضين متعلقين بالمكان، مثل سؤاله: "تشتري الخبز واللحمة من..."، فيختار المتجر، وذلك لـ١٠ مواقع مختلفة (إ)	
١٣ – ح	يختار الأغراض من البيئة الطبيعية بوجود ٣ مثيرات متشابهة، وذلك لـ٢٥ سؤال استفهام يختص بمهام استجابة المستمع المتعلقة بالوظيفة والخصائص والصنف، مثل سؤاله: "أحضر شيئاً لننظف به الأرض"، "أحضر شيئاً للصق هذا" (إ)	
١٣ – م	**يختار الأغراض من كتاب أو في البيئة الطبيعية وفقًا لـ٣ مكونات لفظية (قد تشمل فعل، صفة، ظرف مكان، أو ضمير)، وذلك لـ ٢٥ سؤالًا متعلقًا بالوظيفة والخصائص والصنف، مثل سؤاله: "أي فاكهة تنمو على الشجر؟" (إ)**	
١٤ – أ	يختار غرضا من مجموعة مكونة من ١٠ خيارات ومتعلقة بأحداث ماضية، مثل سؤاله: "أين ذهبت البارحة؟"، وذلك لـ ٥ أحداث (إ)	
١٤ – ب	يختار غرضا متعلقا بأحداث مستقبلية، مثل سؤاله: "ماذا سيحدث غداً؟"، وذلك لـ٥ أحداث (إ)	
١٤ – ج	يختار غرضا من مجموعة مكونة من ١٠ خيارات عبر استجابة مستمع متعلقة بالوظيفة والخصائص والصنف، وباستخدام عبارة "أي واحد لا يستطيع؟" في سؤاله، مثل: "أيهما لا يستطيع الطيران؟"، وذلك لـ١٠ أغراض (إ)	
١٤ – د	يختار غرضا من مجموعة مكونة من ١٠ خيارات عبر استجابة مستمع متعلقة بالوظيفة والخصائص والصنف، وباستخدام عبارة" أي واحد ليس..؟" في سؤاله، مثل: "أيهما ليست آلة موسيقية؟"، وذلك لـ ٢٥ وظيفة وخاصية وصنف (إ)	

تحليل المهام وتتبع المهارات: المستوى الثالث (٣٠-٤٨ شهراً)

أسلوب التقييم: الاختبار المباشر(إ) المراقبة (م) اختبار أو مراقبة (إ، م) المراقبة الموقوتة (م م)

المهارة	استجابة المستمع المتعلقة بالوظيفة والخصائص والصنف – المستوى الثالث (تابع)	تحقق
١٤ – ه	يختار أغراض من كتاب أو من البيئة الطبيعية عبر ٤ مكونات لفظية، مثل: فعل، صفة، ظرف مكان، حرف جر، وضمير، وذلك ل٢٥ مهمة تختص بمهام استجابة المستمع المتعلقة بالوظيفة والخصائص والصنف، مثل سؤاله: "على أي سرير نامت الفتاة؟" (إ)	
١٤ – و	يختار غرضا من مجموعة مكونة من ١٠ خيارات، عند سؤاله عن الغرض الناقص في صورة ما، مثل: سيارة بدون دولاب، أو طائرة بدون أجنحة، وذلك ل ٢٥ غرضا (إ)	
١٤ – م	**يختار الغرض الصحيح من كتاب أو في البيئة الطبيعية عند سماعه ٤ أسئلة متتالية متعلقة بالوظيفة والخصائص والصنف عن موضوع واحدٍ مثل: "أين تسكن البقرة؟"، "ماذا تأكل البقرة؟"، "من يحلب البقرة؟" وذلك لـ٢٥ موضوعًا مختلفًا (إ)**	
١٥ – أ	يختار غرضا من مجموعة مكونة من ١٠ خيارات ومتعلقة بأحداث ماضية، مثل سؤاله: "أين ذهبت البارحة؟"، وذلك ل ٥ أحداث (إ)	
١٥ – ب	يختار غرضا متعلقا بأحداث مستقبلية، مثل سؤاله: "ماذا سيحدث غداً؟"، وذلك ل٥ أحداث (إ)	
١٥ – ج	يختار غرضا من مجموعة مكونة من ١٠ خيارات عبر استجابة مستمع متعلقة بالوظيفة والخصائص والصنف، وباستخدام عبارة "أي واحد لا يستطيع؟" في سؤاله، مثل: "أيهما لا يستطيع الطيران؟"، وذلك ل١٠ أغراض (إ)	
١٥ – د	يختار غرضا من مجموعة مكونة من ١٠ خيارات عبر استجابة مستمع متعلقة بالوظيفة والخصائص والصنف، وباستخدام عبارة" أي واحد ليس..؟" في سؤاله، مثل: "أيهما ليست آلة موسيقية؟"، وذلك ل ٢٥ وظيفة وخاصية وصنف (إ)	
١٥ – ه	يختار أغراض من كتاب أو من البيئة الطبيعية عبر ٤ مكونات لفظية، مثل: فعل، صفة، ظرف مكان، حرف جر، وضمير، وذلك ل٢٥ مهمة تختص بمهام استجابة المستمع المتعلقة بالوظيفة والخصائص والصنف، مثل سؤاله: "على أي سرير نامت الفتاة؟" (إ)	
١٥ – م	**لديه ما يقارب ١٠٠٠ ردٍ خاصٍ باستجابة المستمع المتعلقة بالوظيفة والخصائص والصنف، تم اختبارها أو من خلال قائمة استجابات المستمع المكتسبة (إ)**	

المهارة	الرد المبني على السياق – المستوى الثالث	تحقق
١١ – أ	يكمل ١٠ عبارات تتكون من اسم-فعل، مثلاً: "للإفطار تأكل..."، "للغذاء تأكل..." (إ)	
١١ – ب	يجيب عن ٢٥ سؤالًا من مكونين وباستخدام "أين"، مثل: "أين تجد الحليب؟"، "أين عربتك؟" (إ)	
١١ – ج	يجيب عن ٢٥ سؤال من مكونين وباستخدام "من"، مثل: "من يأخذك للمدرسة؟"، "من يلعب معك؟" (إ)	
١١ – د	يجيب عن ٢٥ سؤال يختص بالوظيفة وباستخدام "ماذا"، مثل: "ماذا تفعل بالألوان؟" (إ)	
١١ – ه	يجيب عن ٢٥ سؤال عند إعطائه الوظيفة وباستخدام "ماذا"، مثل: "ماذا تستخدم لتنظيف نفسك؟" (إ)	
١١ – و	لديه محصول لفظي ل١٠ ردود مبنية على السياق، غير مدرّب عليها، مثلاً: يروي ما حصل في فيديو دون تدريب خاص (م)	
١١ – ز	لديه محصول لفظي ل٥ ردود مبنية على السياق جديدة، عبر تدريبه على تسمية الغرض فقط، مثلاً: بعد تعلّم تسمية الكمبيوتر، يطلق عبارة "بابا لديه كمبيوتر"، بدون تدريب (إ، م)	
١١ – ح	يجيب عن الأسئلة التي لا يستطيع الإجابة عليها قائلا: "لا أعرف" (إ، م)	

تحليل المهام وتتبع المهارات: المستوى الثالث (٣٠-٤٨ شهراً)

أسلوب التقييم: الاختبار المباشر(إ) المراقبة (م) اختبار أو مراقبة (إ، م) المراقبة الموقوتة (م م)

المهارة	الرد المبني على السياق – المستوى الثالث (تابع)	تحقق
١١ – م	**يطلق ٢٠ ردًا مبنيًا على السياق عفويًا (قد تكون الاستجابة طلبًا بشكل جزئي)، مثلًا يقول الأب: "أنا ذاهب إلى السيارة"، فيقول الطفل عفويًا: "أريد الذهاب في نزهة!" (م)**	
١٢ – أ	يقدّم ما لا يقل عن ٣ أنواع ل١٠ أصناف من الأغراض عند الطلب منه، مثل سؤاله: "ماذا ترى في الملعب؟" (إ)	
١٢ - ب	يجيب عن ٢٥ سؤال متعدد الخيارات، مثل سؤاله: "هل تعيش السمكة في الماء أو على الشجر؟" (إ)	
١٢ – ج	يقول اسم الصنف عند إعطائه أكثر من غرض، مثل سؤاله: "حصان، بقرة، وخنزير هم ..."، وذلك ل١٠ أصناف (إ)	
١٢ – د	يقول أسماء ٢٥ غرضا عند إعطائه خاصيّة معينة، مثل: "ما هو الغرض الذي لديه دواليب؟" (إ)	
١٢ – ه	يقول خاصيتين عند إعطائه اسم الغرض، مثلاً: "كيف تكون سيارة الإطفاء؟"، وذلك ل١٠ أغراض (إ)	
١٢ – و	يجيب عن ٣ أسئلة تختص بالعواطف، مثل سؤاله: "ما الذي يحزنك؟"، "ما الذي يفرحك؟" (إ)	
١٢ – ز	لديه محصول لفظي ل٢٥ استجابة، بحيث تشمل كل منها على٣ كلمات أو أكثر، مثلاً عند سؤاله: "ماذا تحب أن تلعب؟"، يجيب الطفل: "أحب أن ألعب بالسيارات" (إ)	
١٢ – م	**لديه ٣٠٠ ردًا مبنيًا على السياق، تم اختبارها أو من خلال قائمة من الردود المبنية على السياق المكتسبة (إ)**	
١٣ – أ	يجيب عن ٢٥سؤالاً باستخدام "نعم" أو "لا"، مثل سؤاله: "هل يصلح الحذاء للأكل؟" (إ)	
١٣ – ب	يصف ٥ أماكن من الذاكرة، مثل: "اخبرني عن غرفتك" (إ)	
١٣ – ج	يجيب عن ٢٥ سؤالاً لردود مبنية على السياق تتضمن صفات، مثل سؤاله: "هل تستطيع أن تخبرني عن حيوان كبير؟" (إ)	
١٣ – د	يجيب عن سؤالاً يتعلق بجملة واحدة قُرأت له، وذلك ل١٠ جمل (إ)	
١٣ – ه	يجيب عن سؤال: "كم عمرك؟" بطريقة صحيحة (إ)	
١٣ – و	يجيب عن سؤالين مختصّين بالوقت بردود عامة، مثلاً: "متى تذهب للنوم؟"، فيجيب: "في الليل" (إ)	
١٣ – ز	يكمل سرد قصة بعد سؤاله، مثلا: "ثم ماذا حدث للخنازير الصغار الثلاثة؟"، وذلك ل٥ قصص (إ)	
١٣ – ح	يتبادل الحوار في ٥ حوارات لمواضيع مختلفة بحيث يشمل كل حوار على ما لا يقل عن ٣ ردود مبنية على السياق (إ)	
١٣ – ط	يصف نفسه بصفتين، يقول مثلاً: "شعري بني، وعيوني زرقاء اللون" (إ)	
١٣ – م	**يجيب عن سؤالين بعد سماعه لقصةٍ صغيرةٍ، أو مقطع من قصة (مكون من ١٥ كلمة أو أكثر)، وذلك لـ ٢٥ قصة، مثل سؤاله: "من هدم المنزل بالنفخ عليه؟" (إ)**	
١٤ – أ	يجيب عن ٢٥ سؤالاً مختلفاً باستخدام: من، ما، أين، وبوجود ٣ مكونات بالسؤال، مثل سؤاله: "ما لون سيارة الإطفاء؟" (إ)	
١٤ – ب	يقدّم ما لا يقل عن ٣ أغراض ينتموا لصنف من الأصناف، مثل: "ماذا يوجد في الثلاجة؟"، وذلك ل٢٥ صنفا (إ)	
١٤ – ج	يجيب عن ٥ أسئلة تتعلق بالأحداث الحالية، مثل: "أين ستذهب مع والدك؟" (إ)	

تحليل المهام وتتبع المهارات: المستوى الثالث (٣٠-٤٨ شهراً)

أسلوب التقييم: الاختبار المباشر(إ) المراقبة (م) اختبار أو مراقبة (إ، م) المراقبة الموقوتة (م م)

المهارة	الرد المبني على السياق – المستوى الثالث (تابع)	تحقق
١٤ – د	يجيب عن العبارات أو أسئلة الأقران بردود مبنية على السياق، ٢٥ مرة في اليوم الواحد (م)	
١٤ – ه	يعمّم عبر إعطاء نفس الإجابة ل١٠ أسئلة مقدّمة بثلاث طرق مختلفة، مثلاً يقول: "بيتي" عند سؤاله: "أين تسكن؟"، "أين كلبك؟"، "أين تلعب؟" (إ)	
١٤ – و	يقول ٣ عبارات عن غرض واحد ، مثل: "إنها أقلام تلوين"، "إنها حمراء"، "نرسم بها"، وذلك ل٢٥ غرضا (إ)	
١٤ – ز	يقدم ٣ معلومات شخصية عند الطلب، مثل سؤاله: "أين تسكن؟"، "ما اسم أخيك؟" (إ)	
١٤ – ح	يجيب عن ٢٥ سؤالا يشمل ظروف المكان بردود مبنية على السياق، مثل سؤاله: "ماذا يوجد أسفل سريرك؟" (إ)	
١٤ – ط	يجيب عن ٢٥ سؤالا يشمل ضمائر بردود مبنية على السياق، مثل سؤاله: "من يملك كلبًا بنيًّا؟" (إ)	
١٤ – ي	يجيب عن ٢٥ سؤالا متسلسلا، مثل سؤاله: "ماذا تفعل حين تصل الى المدرسة؟" (إ)	
١٤ – ك	يجيب عن ١٠ أسئلة باستخدام "أين"، مثل سؤاله: "أين تأخذ حمامك؟" (إ)	
١٤ – م	**يصف ٢٥ حدثًا أو فيديو أو قصة...إلخ، باستخدام ٨ كلمات أو أكثر، مثلا: عند سؤاله: "أخبرني ما حصل"؛ يقول الطفل: "قام الوحش بإخافة الجميع، فهربوا إلى المنزل" (إ، م)**	
١٥ – أ	يجيب عن ١٠ أسئلة تخص بالوظائف العامة، مثل سؤاله: "ماذا يفعل الطبيب؟" (إ)	
١٥ – ب	يجيب عن ٢٥ سؤالاً مختلفاً يحتوي على ٤ أجزاء كلام أو أكثر، مثل سؤاله: "ما الأداة التي تحتاجها لقص الأظافر؟" (إ)	
١٥ – ج	يأخذ دوره في إكمال قصة بدأها غيره، مثل قوله: "ومن ثم رأى قارب..." (إ، م)	
١٥ – د	يجيب عن ٥ أسئلة تتضمن "كيف"، مثل سؤاله: "كيف تصلح الحفرة؟" (إ)	
١٥ – ه	يقدّم اسم عائلته عند سؤاله (إ)	
١٥ – و	يجيب بردود مبنية على السياق عن ٢٥ سؤالاً، بحيث تشمل الأسئلة أحوال، مثل سؤاله: "ما هو الحيوان الذي يتحرك ببطء؟" (إ)	
١٥ – ز	يعمّم الردود عبر وصف نفس الأغراض، الأحداث، الحيوانات، الأشخاص...إلخ، بثلاث طرق مختلفة، مثلا عند وصفة للكلب يقول الطفل: "كلب"، "حيوان"، "توبي"، في ثلاث أوقات مختلفة (إ)	
١٥ – ح	يصف ٥ أحداث حصلت في الماضي (إ)	
١٥ – ط	يصف ٥ أحداث ستحصل في المستقبل (إ)	
١٥ – ي	يلخّص ٥ قصص مختلفة مستخدما ما لا يقل عن ١٠ كلمات لكل قصة (إ)	
١٥ – ك	يقترح حلاً لمشكلة ما (إ)	
١٥ – م	**يجيب عن ٤ أسئلة استفهام مختلفة تختص بموضوع واحدٍ، وذلك لـ ١٠ مواضيع، مثل: "من يأخذك للمدرسة؟"، "إلى أي مدرسة تذهب؟"، "ماذا تأخذ للمدرسة؟" (إ)**	

المهارة	المهارات الجماعية والروتين الصفي – المستوى الثالث	تحقق
١١ – أ	يجلس أو يقف في الأنشطة الفنية أو الحرفية لمدة ٥ دقائق دون سلوك مزعج (م)	
١١ – ب	يتفاعل مع تعليمة واحدة تقدم للمجموعة، مثل: "ليقف الجميع"، دون تلقين إضافي (م)	
١١ – ج	يعمل لوحده على مهمة أو نشاط لمدة دقيقة، دون تلقين أو معززات (م)	

تحليل المهام وتتبع المهارات: المستوى الثالث (٣٠-٤٨ شهراً)

أسلوب التقييم: الاختبار المباشر(!) المراقبة (م) اختبار أو مراقبة (إ، م) المراقبة الموقوتة (م م)

المهارة	المهارات الجماعية والروتين الصفي – المستوى الثالث	تحقق
١١ – د	يأتي ليقف أمام المجموعة، عبر تلقين لفظي واحد (م)	
١١ – م	**يستخدم المرحاض، ويغسل يديه مع تلقين لفظي (إ، م)**	
١٢ – أ	يرفع يده لأخذ دور ضمن مجموعة، مثلا يرفع يده عند سماع: "من يريد اختيار أغنية؟" (م)	
١٢ - ب	يستخدم المواد الموجودة في الغرفة الصفية بالشكل المناسب، مثل: الصمغ، والمقص، والألوان، والورق (م)	
١٢ – ج	يبعد الألعاب أو المواد عند تلقينه بعمل ذلك (م)	
١٢ – د	بعد مغادرة الشخص البالغ، يستمر بمهمة ما لمدة دقيقة واحدة خلال الأنشطة الفنية (م)	
١٢ – م	**يستجيب لـه تعليمات جماعية أو أسئلة بدون تلقينٍ مباشرٍ، أثناء تواجده في مجموعة مكونة من ٣ أطفال أو أكثر، مثل: "ليقف الجميع"، "هل يلبس أحدكم قبعةً حمراء؟" (م)**	
١٣ – أ	يحضر المواد اللازمة لإنهاء مهمة عند تلقينه لفظياً، مثلاً: "أحضر الصمغ" (م)	
١٣ – ب	ينتقل بشكل مستقل بين الأنشطة الصفية، عبر تلقين لفظي جماعي (م)	
١٣ – ج	يجيب عن الأسئلة الجماعية دون تلقين مباشر، مثل: "ماذا حصل لسمبا؟" (م)	
١٣ – د	يطلب استخدام المرحاض ونادراً ما قد يبلل نفسه (م)	
١٣ – م	**يعمل بشكلٍ مستقلٍ لمدة ٥ دقائق في مجموعة، ويحافظ على تركيزه في العمل ٥٠% من الوقت (م)**	
١٤ – أ	يتبادل الأدوار ويتشارك بالأغراض مع أقرانه (م)	
١٤ – ب	يميّز ويتبع التعليمات الجماعية التي تحتوي على جزأين، مثل: "جميع الأولاد، اصطفوا" (م)	
١٤ – ج	يتبع تعليمات السلامة في الغرفة الصفيّة، مثل: "دون ركض"، "دون دفع" (م)	
١٤ – د	يقود نشاطين جماعيين مختلفين في مجموعة مكونة من ٣ أطفال آخرين، مثل لعبة "حامي، بارد" (م)	
١٤ – ه	يطلب أنشطة معينة أثناء التواجد ضمن مجموعة، مثل قوله: "النلعب لعبة الغماية" (م)	
١٤ – و	يساعد في التنظيف بعد الانتهاء من نشاط ما عبر تلقين لفظي واحد (م)	
١٤ – م	**يكتسب مهارتين جديدتين في المجموعات التعليمية التي تتكون من ٥ أطفال أو أكثر، وذلك خلال ١٥ دقيقة (!)**	
١٥ – أ	يركّز في المهمة على الرغم من وجود إزعاج في الغرفة (م)	
١٥ – ب	يلبي احتياجاته الشخصية دون تلقين، مثلاً: ينظف أنفه، ويلبس معطفه (م)	
١٥ – ج	يتفاعل لفظياً مع الأقران ٣ مرات أثناء نشاط جماعي على الطاولة (م)	
١٥ – د	يجلس في مكانه عند انتهاء دوره دون تلقين (م)	
١٥ – ه	لا يؤذي أحد باستخدام يديه في الأنشطة الجماعية (م)	
١٥ – و	يرفع يده للإجابة على سؤال معين ضمن مجموعته (م)	
١٥ – ز	يكمل ورقتي عمل بشكل مستقل دون تلقين، أثناء تواجده في مجموعة مع ٣ أطفال آخرين (م)	

تحليل المهام وتتبع المهارات: المستوى الثالث (٣٠-٤٨ شهراً)

أسلوب التقييم:	الاختبار المباشر(إ)	المراقبة (م)	اختبار أو مراقبة (إ، م)	المراقبة الموقتة (م م)

تحقق	المهارات الجماعية والروتين الصفي – المستوى الثالث	المهارة
	يجلس في المجموعات المدرسية الكبيرة لمدة ٢٠ دقيقة دون إزعاج (م)	ح – ١٥
	يجلس لمدة ٢٠ دقيقة في مجموعة تتضمن ٥ أطفال دون إزعاج، ويجيب عن ٥ أسئلة بردود مبنية على السياق (إ)	م – ١٥

تحقق	قواعد البنية اللغوية – المستوى الثالث	المهارة
	يستخدم الأفعال المساعدة في عبارات التسمية أو الطلب، مثل: أريد/بدي، يجب أن/لازم، أستطيع أن/بقدر، ممكن أن...الخ (م)	أ – ١١
	تحتوي العبارات التي يستخدمها في اليوم الواحد على كلمات صغيرة مختلفة لم يتم تعليمها بشكل مباشر، ولكن استخدامها مناسب في السياق، مثل: ال، لكن، أو، أيضا (م)	ب – ١١
	يستخدم جمع المؤنث والمذكر السالم بشكل مناسب، مثل: معلمات، نظارات، بائعون (م)	ج – ١١
	يستخدم جمع التكسير بشكل صحيح، مثل: كتب، أقلام، كراسي (إ، م)	د – ١١
	يقول ١٠ أسماء بصيغة الجمع مثل: كراسي، كتب، سيارات، و ١٠ أسماء بصيغة الملكية مثل: الكتاب لأحمد، الكرة لدينا (إ، م)	م – ١١
	يصرّف الأفعال بشكل صحيح، مثل: أنا آكل، أنت تأكلين، نحن نأكل (إ، م)	أ – ١٢
	يستخدم حروف وأدوات لربط الكلمات والعبارات، مثل: و، أو، لكن، حالما، منذ، بدون، لكي (م)	ب – ١٢
	يستخدم الأفعال الماضية بشكل صحيح، مثل: هرب، حفر، نام (إ، م)	ج – ١٢
	يستخدم الفعل المضارع بشكل صحيح، مثل: يركض، يلعب، يسبح (م)	د – ١٢
	يصدر عنه ١٠ أفعال دالة على الماضي مثل: لعبَ، و ١٠ أفعال دالة على المستقبل مثل: سألعب (إ، م)	م – ١٢
	يتكلم باستخدام جمل تتكون من ٣ – ٥ كلمات (م)	أ – ١٣
	يستخدم ظروف المكان في العبارات، مثل: فوق الطاولة، داخل المنزل، ولكن قد لا يميز بين أزواج ظروف المكان، مثل: فوق وتحت، داخل وخارج (إ، م)	ب – ١٣
	يستخدم الصفات لتحديد الأسماء، مثل قوله: "قطار أزرق"، "كعكة فراولة" (م)	ج – ١٣
	يستخدم النفي في الطلب والتسمية والردود المبنية على السياق، مثل: "لا أستطيع"، "لا تفعل هذا"، "هذه ليست تفاحة" (م)	د – ١٣
	يستخدم الضمائر مع الأسماء، مثل: "حذائي"، "كوبك"، "قلمه" (م)	ه – ١٣
	يستخدم ١٠ عبارات تبدأ باسم، وتحتوي على ما لا يقل عن ٣ كلماتٍ، بحيث تكون كلمتان من العبارة إما صفةً أو ظرف مكان أو ضميرًا، مثلًا: "السيارة الزرقاء لي"، "كرتي الكبيرة تحت الطاولة" (إ، م)	م – ١٣
	يستخدم المفرد والمثنى والجمع للأسماء بشكل صحيح، مثل قوله:"قارب"، "قاربان"، "قوارب" (م)	أ – ١٤
	يستخدم الأفعال بشكل صحيح للمذكر والمؤنث، مثل: "هو يبكي"، "هي تبكي" (م)	ب – ١٤

تحليل المهام وتتبع المهارات: المستوى الثالث (٣٠-٤٨ شهراً)

أسلوب التقييم: الاختبار المباشر(إ) المراقبة (م) اختبار أو مراقبة (إ، م) المراقبة الموقوتة (م م)

المهارة	قواعد البنية اللغوية - المستوى الثالث (تابع)	تحقق
١٤ – ج	يستخدم الأفعال بشكل صحيح للمفرد والمثنى وللجمع، مثل: "الولد يلعب"، "الولدان يلعبان"، "الأولاد يلعبون" (م)	
١٤ – د	يستخدم صيغة المقارنة في الوصف، مثل: نظيف- أنظف، كبير- أكبر، جميل- أجمل (إ، م)	
١٤ – ه	يستخدم الأحوال لوصف الأفعال، مثل: ذهب سريعا، ذهب بطيئاً (إ، م)	
١٤ – م	**يستخدم ١٠ عبارات تبدأ بفعلٍ، وتحتوي على ما لا يقل عن ٣ كلمات، بحيث تكون كلمتان من العبارة إما حال أو ظرف مكان أو ضميرا، مثلًا "ادفعني إلى الأعلى بشدة"، "اصعد معي لأعلى الدرج" (إ، م)**	
١٥ – أ	يستخدم العبارات الفعلية والاسمية المدمجة بأدوات الربط، مثل: و، أو، لكن، لو (م)	
١٥ – ب	يكون متوسط عدد الكلمات في الجملة هو ٥ كلمات، مثل: "قامت بدفعه على الأرض"، بحيث تحسب "ه" في كلمة "دفعه" على أنها كلمة ذات معنى (م)	
١٥ – ج	تتوافق الضمائر مع المذكر والمؤنث، مثل قوله: "قام الولد بتوسيخ نفسه" مقابل: "قامت البنت بتوسيخ نفسها" (م)	
١٥ – د	تتوافق الضمائر من حيث المفرد والجمع ، مثل قوله: "قام الولد بتوسيخ نفسه" مقابل: "قام الأولاد بتوسيخ أنفسهم" (م)	
١٥ – ه	يستخدم كلمات تدل على معدل تكرار حدث ما، مثل: دائماً، أبداً، أحياناً (م)	
١٥ – و	يستخدم أسماء الإشارة: هذا، هذه، هؤلاء (م)	
١٥ – ز	يستخدم كلمات تدل على درجة التأكد، مثل قوله: "أعتقد"، "أنا متأكد"، "ربما" (م)	
١٥ – م	**يجمع الأسماء والأفعال في ١٠ عبارات أو جمل صحيحة تتكون ممّا لا يقل عن ٥ كلمات، مثل: "قام سمير بأكل تفاحتي اليوم" (إ، م)**	

المهارة	القراءة – المستوى الثالث	تحقق
	(ملاحظة: يبدأ هذا المجال في المستوى الثالث)	
١١ – أ	يقلّب الصفحات وينظر إلى الكتب لمدة ٣٠ ثانية (م م: ٣٠ ثانية)	
١١ – ب	يطلب أن تُقرأ له القصص من الكتب (م)	
١١ – ج	يشير إلى الصور في الكتاب تبعا لما يُقرأ له، مثلاً: "أين الدب الكبير؟" (إ، م)	
١١ – م	**ينتبه إلى الكتاب عند قراءة قصة له ٧٥% من الوقت (م م: ٣ دقائق)**	
١٢ – أ	يكمل أحجية (ذات القطع الفردية واللوح المفرّغ) متعلقة بالحروف الأبجدية دون تلقين (إ، م)	
١٢ - ب	يسرد ٥ حروف أبجدية مع عند تلقينه بأول حرفين، مثل: "أ، ب..." (إ)	
١٢ – ج	لديه كتاب مفضّل، ويستطيع معرفة اسم الكتاب عند رؤية الصورة على واجهة الكتاب (م)	
١٢ – د	يسمّي الصور في الكتب عند قراءة القصة له (إ، م)	
١٢ – ه	يطابق كل الحروف الأبجدية (إ)	
١٢ – م	**يميّز سمعيًا ويختار الحرف من مجموعة مكونة من ٥ حروف، وذلك ل١٠حروف مختلفة (إ)**	

تحليل المهام وتتبع المهارات: المستوى الثالث (٣٠-٤٨ شهراً)

أسلوب التقييم: الاختبار المباشر(إ) المراقبة (م) اختبار أو مراقبة (إ، م) المراقبة الموقوتة (م م)

المهارة	القراءة – المستوى الثالث (تابع)	تحقق
١٣ – أ	يسرد (أو يغني) الحروف الأبجدية كاملة عبر تلقين لفظي واحد (إ)	
١٣ – ب	يطلب معرفة ما تقوله الكلمة المكتوبة، يسأل مثلاً: "ما هذه الكلمة؟" (م)	
١٣ – ج	يتظاهر بقراءة كتاب (م)	
١٣ – د	يميّز إسمه كمستمع من مجموعة مكونة من ٣ أسماء مكتوبة (إ)	
١٣ – ه	ينظر إلى الكلمات المكتوبة، بدل النظر إلى الصور فقط عند قراءة قصة له (م)	
١٣ – م	**يسمّي ١٠ حروف عند الطلب (إ)**	
١٤ – أ	يميّز معظم الحروف الأبجدية، إنما قد تختلط عليه بعض الحروف المتشابهة، مثل: (ت – ث)، (ح – ج) (إ)	
١٤ – ب	يطابق ٥ كلمات مكتوبة على كرت مع الكلمات المكتوبة على ورقة (إ)	
١٤ – ج	يعطي اسم الحرف عند إعطائه صوت الحرف، ويعطي الصوت عند إعطائه الحرف، وذلك لـ٥ حروف (إ)	
١٤ – د	يتذكر ٥ قصص قرأت له من قبل، عبر الرد المبني على السياق (إ، م)	
١٤ – ه	يعمّم التمييز السمعي والتسمية للحروف الأبجدية عبر ٣ أنواع مختلفة من الخط (إ)	
١٤ – م	**يقرأ اسمه (إ)**	
١٥ – أ	يميّز ما إذا كانت الكلمتان متشابهتين في الإيقاع أم لا، مثل: (حر – بر)، (حر – حرير)، وذلك لـ١٠ إيقاعات مختلفة (إ)	
١٥ – ب	يسمي معظم الحروف الأبجدية، إنما قد تختلط عليه بعض الأحرف المتشابهة، مثل: (ت – ث)، (ح – ج) (إ)	
١٥ – ج	يطابق الحروف الأبجدية بأشكالها المنفصلة والمتصلة (إ)	
١٥ – د	يميّز سمعياً بين الأرقام والأحرف، مثل سؤاله: "أيهما حرف؟" (إ)	
١٥ – ه	يستطيع تهجئة اسمه دون تلقين (إ)	
١٥ – و	يختار الكلمات المكتوبة بشكل صحيح من مجموعة مكونة من ٣ كلمات، وذلك لـ٥ كلمات مختلفة (تمييز سمعي) (إ)	
١٥ – م	**يطابق ٥ كلمات مع صورها أو مجسماتها في مجموعة مكونة من ٥ خيارات وبالعكس، مثلًا: يطابق كلمة عصفور مع صورة عصفور، ويطابق صورة عصفور مع كلمة عصفور (إ)**	

المهارة	الكتابة – المستوى الثالث	تحقق
	(ملاحظة: يبدأ هذا المجال في المستوى الثالث)	
١١ – أ	يستخدم أداة كتابة للشخبطة على الورق أو اللوح عند تلقينه (إ)	
١١ – ب	يخربش على الورق أو اللوح بشكل مستقل (م)	
١١ – ج	يستخدم يده اليمنى أو اليسرى، وفقاً لليد التي يفضل الكتابة بها (إ، م)	
١١ – د	يقلّد تحريك أقلام التلوين أو أقلام الرصاص لعمل خطوط أفقية (إ)	

تحليل المهام وتتبع المهارات: المستوى الثالث (٣٠-٤٨ شهراً)

أسلوب التقييم: الاختبار المباشر(إ) المراقبة (م) اختبار أو مراقبة (إ، م) المراقبة الموقوتة (م م)

المهارة	الكتابة – المستوى الثالث (تابع)	تحقق
١١ – ه	يقلد تحريك أقلام التلوين أو أقلام الرصاص لعمل خطوط عامودية (إ)	
١١ – و	يقلد تحريك أقلام التلوين أو أقلام الرصاص لعمل دوائر كبيرة وصغيرة (إ)	
١١ – ز	يقلد عمل الخطوط المنحنية والقطرية بأقلام التلوين أو أقلام الرصاص (إ)	
١١ – م	**يقلّد شخصًا بالغًا بأداء ٥ حركات كتابية باستخدام أدوات وألواح الكتابة (إ)**	
١٢ – أ	يمسك أدوات الكتابة بطريقة صحيحة (إ، م)	
١٢ - ب	يقلّد رسم مربع ومثلث (إ)	
١٢ – ج	يتتبّع الخطوط لـ٣ أشكال هندسية مختلفة، ويبقى بحدود إنش من الخط (إ)	
١٢ – د	ينسخ ٣ أشكال هندسية مختلفة عند إعطائه نموذج (إ)	
١٢ – ه	يرسم خط من نقطة البداية إلى النهاية على مسار منحنٍ بطول ٦ إنش وعرض إنش واحد (إ)	
١٢ – م	**يتتبّع مستخدمًا أدوات الكتابة خطوط ٥ أشكال هندسية مختلفة، مثل: دائرة، مربع، مثلث، مستطيل، نجمة، بحيث يبقى بحدود نصف سم من الخط (إ)**	
١٣ – أ	ينسخ ٤ أرقام أو حروف (إ)	
١٣ – ب	يرسم عدة أشكال لعمل رسم لصورة ما بشكل مستقل (ممكن استخدام التلقين اللفظي) (إ)	
١٣ – ج	يرسم شخص مع ٤ أعضاء للجسم بشكل مستقل (ممكن استخدام التلقين اللفظي) (إ)	
١٣ – د	يتتبع اسمه على ورقة ويبقى ضمن نصف (١/٢) إنش من الخط (إ)	
١٣ – م	**ينسخ ١٠ حروف أو أرقام بشكلٍ مقروءٍ (إ)**	
١٤ – أ	ينسخ اسمه على ورق مسطّر بشكل صحيح (إ)	
١٤ – ب	يلوّن الصور في دفتر التلوين ويبقى ضمن الإطار معظم الوقت (إ)	
١٤ – ج	ينسخ الأرقام من ١ – ١٠ بطريقة صحيحة على ورق مسطّر (إ)	
١٤ – د	ينسخ ١٠ حروف منفصلة و ١٠ حروف متصلة بطريقة صحيحة على ورق مسطّر (إ)	
١٤ – م	**يستطيع تهجئة وكتابة إسمه بدون نسخ (إ)**	
١٥ – أ	يرسم صورة من الممكن التعرّف عليها، لـ٣ أغراض (إ)	
١٥ – ب	يستطيع كتابة ١٠ حروف أو أرقام عند الطلب منه (إ)	
١٥ – ج	ينسخ ٥ كلمات بسيطة بطريقة مقروءة (إ)	
١٥ – م	**ينسخ جميع الحروف الأبجدية (بشكلها المنفصل والمتصل) بشكل مقروء (إ)**	

المهارة	الحساب – المستوى الثالث	تحقق
	(ملاحظة: يبدأ هذا المجال في المستوى الثالث)	
١١ – أ	يعد آلياً للرقم ٥ بتلقين للبداية، مثلا: "النعد ١، ٢ ..." (إ)	
١١ – ب	يرتب الأغراض وفقاً للحجم، مثل: مربع صغير، ثم متوسط، ثم كبير (إ)	

تحليل المهام وتتبع المهارات: المستوى الثالث (٣٠-٤٨ شهراً)

أسلوب التقييم: الاختبار المباشر(إ) المراقبة (م) اختبار أو مراقبة (إ، م) المراقبة الموقوتة (م م)

المهارة	الحساب – المستوى الثالث (تابع)	تحقق
١١ – ج	يميّز كمستمع عند الطلب منه غرض واحد أو غرضين، مثل: "أين القاربين؟" (إ)	
١١ – د	يطلب غرضا واحدا أو غرضين بشكل صحيح، يطلب مثلا: "أريد كرتين؟" (إ، م)	
١١ – ه	يطابق الأرقام من ١ – ١٠، مثلاً: يضع الرقم ٤ مع الرقم ٤ (إ)	
١١ – م	**يميّز كمستمع ويختار الأرقام من ١–٥، في مجموعة مكونة من ٥ أرقام مختلفة (إ)**	
١٢ – أ	يميّز بين العدد واحد وإثنين عند تسمية الغرض، مثل: "كم حذاء تلبس؟" (إ)	
١٢ - ب	يستخدم أصابع يديه لتوضيح الأرقام من ١–٥، مثلاً: "أرني أصبعين" (إ)	
١٢ – ج	يميّز كمستمع بين غرض واحد وغرضين و٣ أغراض، مثل سؤاله: "هل تستطيع أن تجد ٣ وردات؟" (إ)	
١٢ – د	يعد غرضين باستخدام العد المنطقي ١:١ (أي بالتنسيق ما بين الإشارة للمعدود والعد اللفظي) (إ)	
١٢ – م	**يسمّي الأرقام من ١– ٥ (إ)**	
١٣ – أ	يقول عمره عند سؤاله (إ)	
١٣ – ب	يعد ٣ أغراض من مجموعة أكبر من الأغراض، عبر سؤاله مثلا: "أعطيني ٣ ملاعق" (إ)	
١٣ – ج	يميّز كمستمع عدد الأغراض، مثل سؤاله: "أي صورة فيها سيارتين؟" (إ)	
١٣ – د	عند عدّ الأغراض (من ١–٣) يركّز على العدد الأخير (إ)	
١٣ – م	**يعدّ من ١–٥ أغراض من مجموعة أكبر من الأغراض، وذلك من خلال العد المنطقي ١:١ (أي بالتنسيق ما بين الإشارة للمعدود والعد اللفظي)، مثل الطلب منه: "أعطني ٤ سيارات"، "الآن أعطني سيارتين" (إ)**	
١٤ – أ	يعطي اسم العدد (من ١–٣) عند سؤاله عن عدد الأغراض، مثلاً: "كم واحد موجود هنا؟" (إ)	
١٤ – ب	يميّز كمستمع أن مجموعة من الأغراض "أكثر" أو "أقل" من المجموعة التي تتم المقارنة بها (إ)	
١٤ – ج	يميّز كمستمع ما إذا كان الوعاء "ممتلئ" أو "فارغ" (إ)	
١٤ – د	يميّز كمستمع ان الغرض "أكبر" أو "أصغر" من الغرض الذي تتم مقارنته به (إ)	
١٤ – ه	يميّز كمستمع أن الغرض "أطول" أو "أقصر" من الغرض الذي تتم مقارنته به (إ)	
١٤ – م	**يميز كمستمع ٨ مصطلحات للمقارنة تتضمن قياسات، مثل: أكثر أو أقل؛ كبير أو صغير؛ طويل أو قصير؛ ممتلئ أو فارغ؛ مرتفع أو منخفض (إ)**	
١٥ – أ	يكرّر فعلاً عددا محددا من المرات، لغاية ٥ مرات، مثل سؤاله: "صفّق ٣ مرات" (إ)	
١٥ – ب	يكمل متسلسلة تتضمن عنصرين، مثلاً: أحمر – أخضر؛ أحمر – أخضر؛ ...... (إ)	
١٥ – ج	يميّز سمعياً المصطلحات المستخدمة في الترتيب المتسلسل، مثل: الأول والأخير (إ)	
١٥ – د	يميّز سمعياً المصطلحات المستخدمة للوقت ويسمّيها بشكل صحيح، مثل: الصباح والمساء (إ)	
١٥ – ه	يستجيب كردود مبنية على السياق، عند سؤاله: "ماذا يأتي بعد..."، للأرقام من ١-٩ (إ)	
١٥ – و	يميّز كمستمع ٣ عملات نقدية، ويجيب كرد مبني على السياق عند سؤاله: "ماذا نفعل بالنقود؟" (إ)	
١٥ – م	**يطابق رقمًا مكتوبًا بعدد من الأغراض وبالعكس، وذلك للأرقام من ١–٥، مثلًا: يطابق الرقم ٣ لصورة فيها ٣ شاحنات (إ)**	

ترجمة العناوين

Titles in English	ترجمة العناوين
Verbal Behavior Milestones Assessment and Placement Program (VB-MAPP)	برنامج السلوك اللفظي
Milestones Assessment	**تقييم المعالم**
Mand	الطلب
Tact	التسمية
Listener responding	استجابة المستمع
Visual perceptual and matching-to-sample (VP-MTS)	الإدراك البصري والمطابقة مع نموذج
Independent play	اللعب المستقل
Social behavior and social play	السلوك الاجتماعي واللعب الاجتماعي
Motor Imitation	التقليد الحركي
Echoic	التكرار اللفظي
Spontaneous vocal behavior	السلوك الصوتي التلقائي
Listener responding by function, feature, and class (LRFFC)	استجابة المستمع المتعلقة بالوظيفة والخصائص والصنف
Intraverbal	الرد المبني على السياق
Classroom routines and group skills	المهارات الجماعية والروتين الصفي
Linguistic structure	قواعد البنية اللغوية
Reading	القراءة
Writing	الكتابة
Math	الحساب
Barriers Assessment	**تقييم العوائق**
Behavior problems	السلوكيات السلبية
Instructional control	سيطرة التعليمات على الاستجابة
Absent, weak, or impaired mand repertoire	ضعف محصول الطلب أو عدم وجوده
Absent, weak, or impaired tact repertoire	ضعف محصول التسمية أو عدم وجوده
Absent, weak, or impaired motor imitation	ضعف التقليد الحركي أو عدم وجوده
Absent, weak, or impaired echoic repertoire	ضعف محصول التكرار اللفظي أو عدم وجوده
Absent, weak, or impaired visual perceptual skills and mathing-to-sample	ضعف مهارات الإدراك البصري والمطابقة مع نموذج أو عدم وجودها

Absent, weak, or impaired listener repertoires	ضعف محصول إستجابة المستمع أو عدم وجوده
Absent, weak, or impaired intraverbal repertoire	ضعف محصول الرد المبني على السياق أو عدم وجوده
Absent, weak, or impaired social skills	ضعف المهارات الاجتماعية أو عدم وجودها
Prompt dependency	الاعتماد على التلقين
Scrolling Responses	الإجابات التخمينية المتتابعة
Impaired scanning skills	ضعف المسح البصري
Failure to make conditional discriminations	عدم القدرة على التمييز المشروط
Failure to generalize	عدم القدرة على التعميم
Weak or atypical motivating operations	عمليات محفزة غير اعتيادية أو ضعيفة
Response requirement weakens the MO (Motivating Operations)	تأثر العمليات المحفزة بمتطلبات الإستجابة
Reinforcement dependent	الاعتماد على المعززات
Self-stimulation	الاستثارة الذاتية
Articulation problems	مشاكل النطق
Obsessive compulsivebehavior	السلوك القهري
Hyperactive behavior	فرط الحركة
Failure to make eye contact, or attend to people	عدم التواصل البصري أو الانتباه للآخرين
Sensory defensiveness	فرط الإحساس
Transition Assessment	**تقييم جاهزية الانتقال**
Overall VB-MAPP Milestones score	النتيجة الكليّة لتقييم المعالم
Overall VB-MAPP barriers score	النتيجة الكليّة لتقييم العوائق
VB-MAPP Barriers score on negative behaviors and instructional control	نتائج تقييم العوائق لكل من السلوكيات السلبية، وسيطرة التعليمات
VBMAPP scores on classroom routines and group skills	نتائج المهارات الجماعية والروتين الصفي في تقييم المعالم
VBMAPP scores on social behavior and social play	نتائج السلوك الاجتماعي واللعب الاجتماعي في تقييم المعالم
Independent work on academic tasks	العمل باستقلالية في المهام الأكاديمية

ترجمة العناوين

Generalization of skills across time, settings, behaviors, materials, and people	تعميم المهارات عبر: الوقت، والبيئة، والسلوك، والمواد، والأشخاص
Range of items and events that function as reinforcers	تنوّع المعززات
Rate of acquisition of new skills	سرعة اكتساب المهارات الجديدة
Retention of new skills	الاحتفاظ بالمهارات المكتسبة
Learning from natural environment	التعلّم في البيئة الطبيعية
Demonstrates transfer between the verbal operants without training	الانتقال لإجراءات لفظية جديدة
Adaptability to change	القدرة على التكيّف مع التغيير
Spontaneous behavior	السلوك العفوي
Self-directed play and leisure skills	نتائج مهارات اللعب المستقل في تقييم المعالم
General self-help skills	مهارات العناية الذاتية العامة
Toileting skills	مهارات استخدام المرحاض
Eating skills	مهارات تناول الطعام
Task Analysis and Skills Tracking	**تحليل المهام وتتبع المهارات الداعمة**